소소한 즐거움이 있는 핸드메이드

처음 하는 레이스 손뜨개

KAWAII LACE AMI ZAKKA
ⓒSHUFU TO SEIKATSU SHA CO., LTD. 2006
Originally published in Japan in 2006 by SHUFU TO SEIKATSU CO., LTD.
Korean translation rights ⓒ 2012 by Happy Dream Publishing Co.
Korean translation rights arranged through TOHAN CORPORATION, TOKYO.,
and Enters Korea Co., Ltd., SEOUL.

이 책의 한국어판의 저작권은 (주)엔터스코리아를 통한 일본의 SHUFU TO SEIKATSU SHA CO., LTD.와의
독점 계약으로 즐거운상상이 소유합니다.
신 저작권법에 의하여 한국 내에서 보호를 받는 저작물이므로 무단전재와 무단복제를 금합니다.

처음 하는 레이스 손뜨개

1판 1쇄 인쇄 2012년 10월 2일
1판 1쇄 발행 2012년 10월 9일

지은이 | 세바타 야스코, 가와이 마유미 외
펴낸이 | 정원정, 김자영
편집 | 홍현숙
디자인 | 신지혜

펴낸곳 | 즐거운상상
주소 | 서울시 용산구 문배동 7-6 이안1차 102동 오피스텔 1003호
전화 | 02-706-9452 팩스 02-706-9458
전자우편 | happywitches@naver.com
출판등록 | 2001년 5월 7일
인쇄 | 백산하이테크

ISBN 978-89-92109-93-2 14630
ISBN 978-89-92109-69-7 14630(세트)

*이 책의 모든 글과 그림, 사진, 디자인을 무단으로 복사, 복제, 전재하는 것은 저작권법에 위배됩니다.
*책값은 뒤표지에 있습니다.

소소한 즐거움이 있는 핸드메이드
처음 하는 레이스 손뜨개

my first lace knitting

A to Z

즐거운상상

Prologue

코바늘 레이스 손뜨개를 처음 배우는 이들을 위한 책입니다.
쉬운 설명과 풍부한 사진, 친절한 일러스트로 구성되어 있어 누구라도 쉽게 따라할 수 있습니다.
짧은뜨기와 1길 긴뜨기만으로 완성할 수 있는 귀여운 도일리, 쉽고 간단하게 만들어
가방에 장식할 수 있는 모티브, 병이나 바구니에 장식하면 더 멋진
여러 가지 레이스 뜨개 방법을 소개합니다.
이 세상에 단 하나뿐인 나만의 레이스 소품을 만들어 보세요.

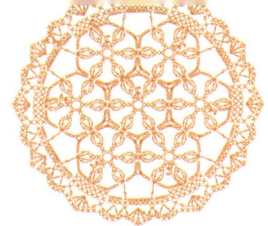

contents

part 01 실내를 장식하는 예쁜 소품들

008

찻잔 받침
작은 찻잔 받침은 10단 정도만 뜨면 금방 완성할 수 있어요. 손을 조금만 움직이면 작품 하나가 뚝딱 만들어져 성취감도 있지요.

009

찻주전자 받침
뜨개 소품에서 빠질 수 없는 찻주전자 받침이에요. 냄비 받침으로 써도 좋지요. 앞쪽과 뒤쪽을 떠서 이어 주세요.

010

티슈 케이스 커버
어느 때는 티슈 케이스 커버로, 어느 때는 식탁용 매트로, 그날의 분위기에 따라 다양하게 활용해 보세요. 중심에서 위아래로 무늬뜨기를 했답니다.

011

병 커버
바닥을 둥글게 뜨고 1길 긴뜨기와 짧은뜨기를 반복해 보세요. 줄무늬는 단이 바뀔 때 실을 바꿔 주기만 하면 되지요. 예쁘게 떠서 장식해 보세요.

012

아기 신발 Ⅰ
작아도 정성과 품이 가득 들어간 아기 신발이에요. 올록볼록한 하늘색의 가장자리뜨기와 꽃 모티브가 시선을 사로잡아요.

013

아기 신발 Ⅱ
부츠 모양으로 단을 올리고, 편해 보이는 신발 끈까지 달아 줬답니다. 바닥과 측면의 중간까지는 아기 신발 Ⅰ과 뜨는 방법이 똑같아요.

014

둥근 도일리
꽃잎 여섯 장이 넓게 퍼져 있는 우아한 매트랍니다. 바깥쪽 그물에 끈을 끼워 근사한 화분 덮개로 활용할 수도 있어요.

015

사각 도일리
요모조모 쓰임이 많은 매트예요. 컬러를 잘 배색하면 간결하면서도 예쁜 도일리가 됩니다.

015

다용도 덮개
은은한 세 가지 색으로 배색해서 더욱 시원해 보이는 다용도 덮개예요. 위쪽의 사각 도일리와 뜨는 방법은 같고 크기만 배로 늘렸답니다.

007

part 02 손으로 무언가를 만들어내는 아름다운 시간

016
바늘방석
수예용품에서 절대로 빠질 수 없는 바늘방석이에요. 사각 모티브 두 장을 이어 주면 되지요.

017
작은 바구니
탁자 위에 어질러지기 쉬운 자잘한 물건들을 한곳에 담아 정리해 보세요. 짱짱하게 뜨면 바구니로 사용할 수 있답니다.

018
가위집
삼각형의 귀여운 모티브를 덮개로 활용한 가위집이에요. 실 자르는 가위가 쏙 들어가지요.

019
코바늘집
나만의 코바늘집은 하나쯤 꼭 갖고 싶은 소품이에요. 리넨으로 만든 키친 클로스를 안주머니로 이용하세요.

020
테두리 장식 레이스
매트의 테두리나 가장자리에 리본 모양 레이스를 장식해보세요. 패브릭과 어우러져 더욱 멋져 보여요.

021
병 장식 레이스
밋밋한 유리병을 장식해 보세요. 내용물도 가려주고, 평범한 유리병이 화려하게 변신합니다.

part 03 일상이 즐거워지는 소품들

022
핸드폰 케이스
무늬뜨기로 짱짱하게 뜨면 충격에 민감한 휴대전화를 넣어도 안심이에요.

023
코르사주
가방이나 모자, 스웨터의 가슴팍, 코트의 옷깃 등에 달아 보세요. 분위기가 확 달라질 거예요.

024
향주머니
잎사귀와 작은 꽃 모티브로 만든 귀여운 가방이에요. 옷장이나 가방 속에 넣어 향주머니로 활용해 보세요.

025
동전 지갑
중심에서 여섯 방향으로 둥글게 떠나가다가 똑딱 프레임을 달아 주면 동전 지갑이 완성돼요. 잎사귀 장식이 포인트예요.

026
장식 끈
모자에 감거나 허리에 두르거나 창가에 걸어 두어도 좋은 장식 끈이에요. 때로는 목걸이로 활용할 수 있어요.

027
작은 가방
낡은 가방이나 블라우스를 리폼할 때 레이스 실로 뜬 다양한 모티브 장식을 달아 보세요.

기본 강의

lesson 01 중심에서 원형으로 둥근 도일리 뜨기 036
lesson 02 사슬뜨기로 시작코 만들어 평뜨기로 사각 도일리 뜨기 040

이 책에서 사용한 레이스 실 028
레이스 뜨개 기법 익히기 029

• 도안의 기호 보는 방법 • 실을 거는 방법과 쥐는 방법 • 코 만들기 • 시작코 • 사슬코 보는 방법 • 뜨개 기호와 뜨는 방법 • 도안의 기호와 뜨는 방법

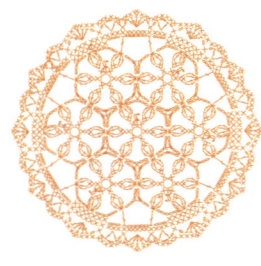

part_01 실내를 장식하는 예쁜 소품들

내 손으로 뜬 뜨개 소품을 찻잔 받침으로도 쓰고,
조금 낡은 바구니에 얹어 덮개로도 쓰고…….
어찌 보면 조금 독특해 보이는 그런 일들이 우리의 삶을 즐겁게 해 줍니다.
집에서 자주 사용하는 소품을 직접 떠 보세요.

디자인과 제작_SACHIYO*FUKAO

찻잔 받침
작은 찻잔 받침은 10단 정도만 뜨면 금방 완성할 수 있어요.
손을 조금만 움직이면 작품 하나가 뚝딱 만들어져 성취감도 있지요.
동그랗고, 세모나고, 네모난 찻잔 받침, 어떤 걸 먼저 떠 볼까요?

뜨는 방법은 p.44~46에 있습니다.

찻주전자 받침
뜨개 소품에서 빠질 수 없는
찻주전자 받침이에요.
냄비 받침으로 써도 좋지요.
앞쪽과 뒤쪽을 같은 크기로
각각 뜨고 뜨개질로 이어 주세요.

● 뜨는 방법은 p.48~50에 있습니다.

디자인과 제작_SACHIYO*FUKAO

티슈 케이스 커버

어느 때는 티슈 케이스 커버로, 어느 때는 식탁용 매트로,
그날의 분위기에 따라 다양하게 활용해 보세요.
중심에서 위아래로 무늬뜨기를 했답니다.

뜨는 방법은 p.52~53에 있습니다.

탁 털어서 펴 주면 변신 완료!

디자인과 제작_SACHIYO*FUKAO

병 커버

바닥을 둥글게 뜨고 1길 긴뜨기와 짧은뜨기를 반복해 보세요.
줄무늬는 단이 바뀔 때 실을 바꿔 주기만 하면 되지요.
예쁘게 떠서 잔이나 병을 장식해 보세요.

뜨는 방법은 p.54~55에 있습니다.

아기 신발 I

작아도 정성과 품이 가득 들어간 아기 신발이에요.
올록볼록한 하늘색의 가장자리뜨기와 꽃 모티브가
시선을 사로잡아요.

🧶 뜨는 방법은 p.57에 있습니다.

디자인과 제작_SEBATA YASUKO

아기 신발 II
부츠 모양으로 단을 올리고, 편해 보이는 신발 끈까지 달아 줬답니다.
바닥과 측면의 중간까지는 아기 신발 1과 뜨는 방법이 똑같아요.

뜨는 방법은 p.58~59에 있습니다.

디자인과 제작_SEBATA YASUKO

둥근 도일리
꽃잎 여섯 장이 넓게 퍼져 있는 우아한 매트랍니다.
바깥쪽 그물에 끈을 끼워 근사한 화분 덮개로 활용할 수도 있어요.

뜨는 방법은 p.36~39에 있습니다.

사각 도일리

요모조모 쓰임이 많은 매트예요.
3단씩 무늬뜨기를 반복하면 금방
완성할 수 있답니다.
컬러를 잘 배색하면 간결하면서도
예쁜 도일리가 됩니다.

뜨는 방법은 p.40~43에 있습니다.

디자인_KAWAI MAYUMI 제작_YOSIOKA ITUKO

다용도 덮개

은은한 세 가지 색으로
배색해서 더욱 시원해 보이는
다용도 덮개예요.
위쪽의 사각 도일리와
뜨는 방법은 같고
크기만 배로 늘렸답니다.

뜨는 방법은 p.60~61에 있습니다.

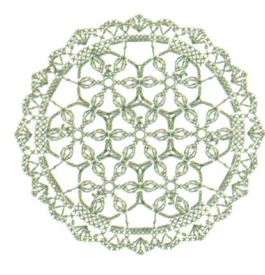

part_02 손으로 무언가를 만들어내는 아름다운 시간

뜨개질이나 바느질을 할 때 그 옆에 직접 만든 소품이 있다면 훨씬 더 행복한 시간이 될거예요.
내 손으로 만든 바늘방석과 가위집, 그것들을 이용해서 또 무언가를 새롭게 만들어내면서
나만의 핸드메이드 시간을 즐겨 보세요.

디자인과 제작_SACHIYO*FUKAO

바늘방석

수예용품에서 절대로 빠질 수 없는 바늘방석이에요.
사각 모티브 두 장을 겹쳐서 가장자리뜨기로 이어 주면 되지요.

뜨는 방법은 **p.47**에 있습니다.

작은 바구니
탁자 위에 어질러지기 쉬운 자잘한 물건들을 한 곳에 담아 정리해 보세요.
짱짱하게 뜨면 바구니로 사용할 수 있답니다.
뜨는 방법은 p.62~63에 있습니다.

디자인과 제작_SACHIYO*FUKAO

가위집
삼각형의 귀여운 모티브를 덮개로 활용한 가위집이에요.
실 자르는 가위가 쏙 들어가지요.
펠트와 실의 색을 맞추면 훨씬 더 고급스러워 보인답니다.

뜨는 방법은 p.64~65에 있습니다.

디자인과 제작_KAWAI MAYUMI

코바늘집
나만의 코바늘집은 하나쯤 꼭 갖고 싶은 소품이에요.
리넨으로 만든 키친 클로스를 안주머니로 이용하면 쉽게,
그러면서도 멋지게 만들 수 있어요.

뜨는 방법은 p.66~67에 있습니다.

테두리 장식 레이스

테이블 클로스나 매트 등의 테두리나 가장자리에 리본 모양 레이스를 장식해보세요.
패브릭과 레이스가 어우러져 더욱 멋진 생활소품이 됩니다.
장식할 물건의 크기에 맞게 떠 보세요.

뜨는 방법은 p.51, 68~69에 있습니다.

복잡한 병 속을 깔끔하게 가려 줘요!

병 장식 레이스

밋밋한 유리병을 장식하고 싶다면
첫단과 끝단을 이어서
원형으로 만들어 주세요.
복잡한 내용물도 가려주고,
평범한 유리병이 화려하게
변신한답니다.

뜨는 방법은 p.56에 있습니다.

디자인_KAWAI MAYUMI 제작_SEKIYA SATIKO

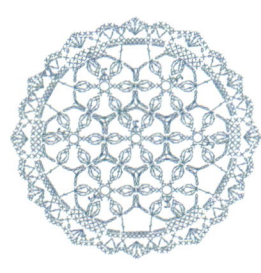

part_03 일상이 즐거워지는 소품들

내가 만든 무언가를 지니고 있으면 그것만으로도 기분이 좋아지잖아요.
그런데 그걸 보고 누군가가 예쁘다고 해 주면, 자꾸 만들어 보고 싶은 욕심이 나게 마련이에요.
레이스 실로 그런 멋진 소품들을 떠 보세요.

핸드폰 케이스
무늬뜨기로 짱짱하게 뜨면 충격에 민감한 휴대전화를 넣어도 안심이에요.
열쇠나 작은 소지품을 작은 가방으로 활용해도 좋아요.

뜨는 방법은 p.74~75에 있습니다.

디자인과 제작_SEBATA YASUKO

코르사주
가방이나 모자, 스웨터의 가슴팍, 코트의 옷깃 등에 달아 보세요.
분위기가 확 달라질 거예요.
장미와 거베라 모양의 꽃 코르사주랍니다.
🌸 뜨는 방법은 p.70, 72~73에 있습니다.

향주머니

잎사귀와 작은 꽃 모티브로 만든 귀여운 가방이에요.
옷장이나 가방 속에 넣어 향주머니로 활용해 보면 어떨까요?

뜨는 방법은 p.76~79에 있습니다.

디자인과 제작_SEBATA YASUKO

꽈맣이 들어가요

바닥부터 원형으로 뜬답니다

동전 지갑
중심에서 여섯 방향으로 둥글게 떠나가다가
똑딱 프레임을 달아 주면 동전 지갑이 완성돼요.
잎사귀 장식이 포인트예요.

● 뜨는 방법은 p.71, 73에 있습니다.

장식 끈

모자에 감거나 허리에
쏙 둘러주거나 창가에 걸어 두어도
좋은 장식 끈이에요.
때로는 목걸이로, 선물포장 끈으로도
활용할 수 있어 쓰임새는 정말 다양해요.
다른 작품을 뜨고 자투리 실이
남았다면 색색의 장식 끈을
한번 만들어 보세요.

뜨는 방법은 p.80~81에 있습니다.

디자인과 제작__KAWAI MAYUMI

작은 가방
낡은 가방이나 블라우스를 리폼할 때 레이스 실로 뜬 다양한 모티브 장식을 달아 보세요.
작은 꽃 모티브와 단추, 크로스스티치, 술 등을 곁들이면 유행이 지난 가방도 센스있는 물건이 돼요.

🌀 뜨는 방법은 p.82~83에 있습니다.

이 책에서 사용한 레이스 실

올림퍼스 에미그란데 〈허브〉
면 100%, 20g짜리 타래, 약 88m

273 / 초록색

800 / 흰색

171 / 주황색

732 / 아이보리색

582 / 노란색

600 / 보라색

814 / 연한 갈색

777 / 갈색

341 / 하늘색

올림퍼스 에미그란데
면 100%, 50g짜리 타래,
약 218m

165 / 분홍색

486 / 파란색

*인쇄에 따라 실의 색상은 다소 다르게 보일 수 있습니다.
*모티브를 뜨는 방법은 p.25의 작은 가방에 나와 있습니다.

레이스 뜨개 기법 익히기

도안의 기호 보는 방법
코바늘 도안의 기호는 모두 바깥쪽에서 본 모습입니다. 편물에서는 끌어올린 코 외에는 앞뒤를 구분하지 않습니다. 앞뒤가 교대로 나타나는 평뜨기 역시 기호는 같습니다.

중심에서 원형으로 뜰 때의 도안 기호
중심에서 링(원형 코)을 만들어 1단씩 원을 그리듯이 떠나갑니다. 일단 편물의 앞쪽을 보면서 도안의 오른쪽에서 왼쪽으로, 기둥코를 올려가며 뜹니다. 도안의 5째 단은 편물을 바꿔 들고서 뒤쪽을 봅니다. 이때는 도안의 왼쪽에서 오른쪽으로 떠야 합니다. 도안의 △ 표시는 새 실을 붙이는 위치, ▲ 표시는 실을 자르는 위치입니다.

평뜨기를 할 때의 도안 기호
평뜨기를 할 때는 좌우로 기둥코를 세워야 합니다. 오른쪽에 기둥코가 표시되어 있으면 편물의 앞쪽을 보면서, 도안의 오른쪽에서 왼쪽으로 뜹니다. 도안의 왼쪽에 기둥코가 나와 있으면 편물의 뒤를 보면서 도안의 왼쪽에서 오른쪽으로 뜹니다.

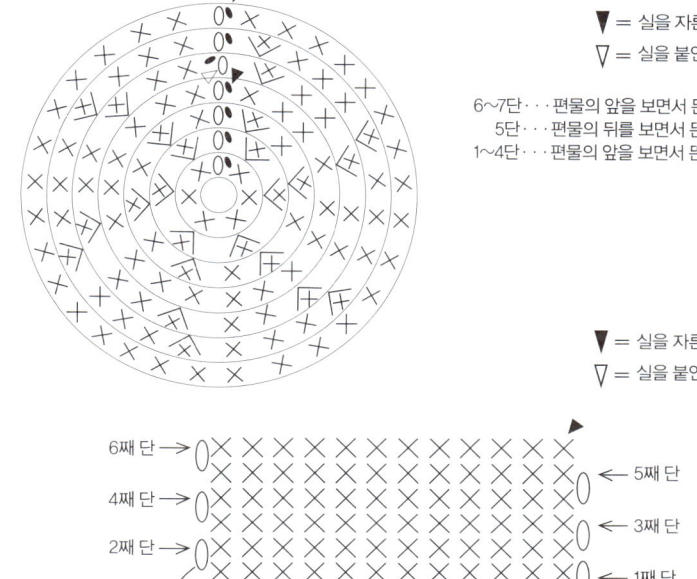

▼ = 실을 자른다
▽ = 실을 붙인다

6~7단···편물의 앞을 보면서 뜬다
5단···편물의 뒤를 보면서 뜬다
1~4단···편물의 앞을 보면서 뜬다

▼ = 실을 자른다
▽ = 실을 붙인다

실을 거는 방법과 코바늘 쥐는 방법

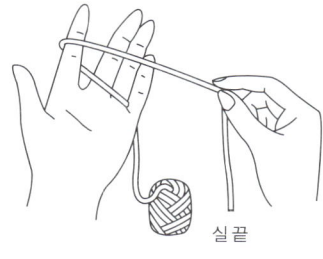

1 실 끝을 오른손에 쥐고, 왼손의 새끼손가락 네 번째 손가락 사이로 실을 빼서 두 번째 손가락을 돌아 앞으로 오도록 한다.

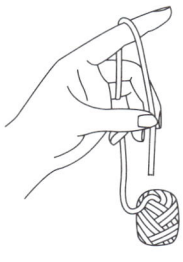

2 실 끝을 엄지와 가운데 손가락으로 잡고, 두 번째 손가락을 세워서 실의 당기는 정도를 조절한다.

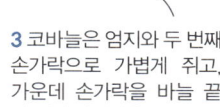

3 코바늘은 엄지와 두 번째 손가락으로 가볍게 쥐고, 가운데 손가락을 바늘 끝에 대어 안정감을 준다.

코 만들기

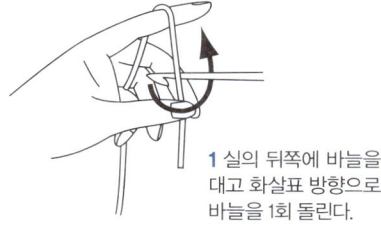

1 실의 뒤쪽에 바늘을 대고 화살표 방향으로 바늘을 1회 돌린다.

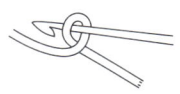

2 실은 손가락 사이에서 이런 모양이 된다.

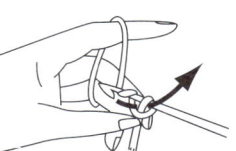

3 엄지와 가운데 손가락으로 바늘에 감긴 실의 아래를 누르고, 바늘 끝에 실을 걸어 화살표 방향으로 빼낸다.

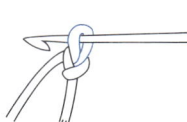

4 실 끝을 당겨서 코의 크기를 줄이면 코가 완성된다. 이 코는 1코로 세지 않는다.

시작코

중심에서 원형으로 뜬다
(실 끝으로 원형 코(링)을 만들 때)

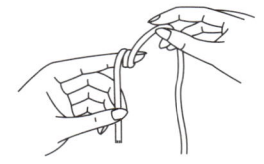
1 왼손의 두번째 손가락에 실을 2번 감는다.

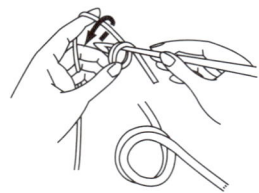
2 오른손으로 링을 벗긴 다음 왼손에 링을 쥐고, 링 안에 바늘을 넣어 실을 건다.

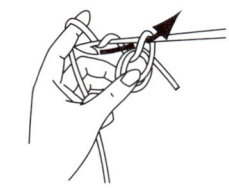
3 실을 몸 앞쪽으로 빼내고, 다시 기둥코를 뜬다.

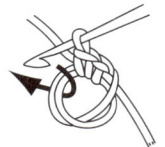
4 1째 단은 중심 링에 바늘을 넣어 필요한 콧수를 뜬다.

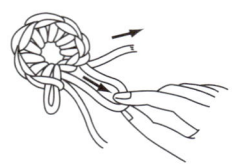
5 바늘을 일단 빼고, 처음 링의 뒤쪽 실을 당겨서 고리를 좁히고, 다시 실 끝을 당겨서 모양을 잡는다.

6 단의 끝에서는 시작 부분의 짧은 뜨기에 바늘을 넣어 실을 걸고서는 한 번에 빼낸다.

중심에서 원형으로 뜬다
(사슬뜨기로 링을 만들 때)

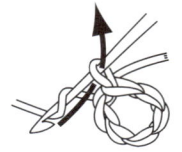
1 필요한 수의 사슬을 떠서 1째 사슬의 반 코에 바늘을 넣어 실을 빼낸다.

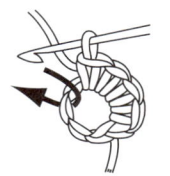
2 바늘에 실을 걸어 기둥코를 뜬다.

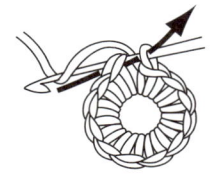
3 1째 단은 화살표와 같이 링에 바늘을 넣어서 뜬다.

4 단의 끝에서는 시작 부분의 짧은뜨기에 바늘을 넣어서 빼낸다.

평뜨기일 때

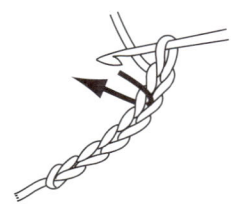
1 필요한 수의 사슬과 기둥코를 뜨고, 2째 사슬의 반 코와 콧등에 바늘을 넣는다.

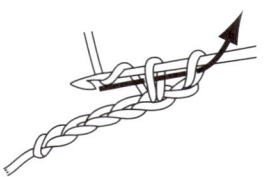
2 바늘에 실을 걸어 고리를 몸 앞쪽으로 빼내고, 화살표 방향으로 실을 빼낸다.

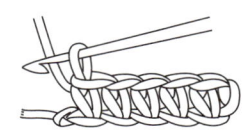
3 1째 단을 뜬 모습.

사슬코 보는 방법

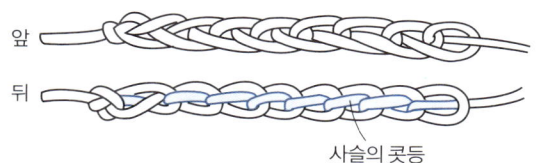

사슬코에는 앞과 뒤가 있고, 뒤에 튀어나온 부분을 '사슬의 콧등'이라고 부른다.

1째 단을 뜰 때는 '사슬의 반 코와 콧등'을 줍는 방법, '사슬의 콧등만' 줍는 방법, '사슬의 반 코만' 줍는 방법 가운데 한 가지 방법을 고른다.

뜨개 기호와 뜨는 방법

사슬뜨기

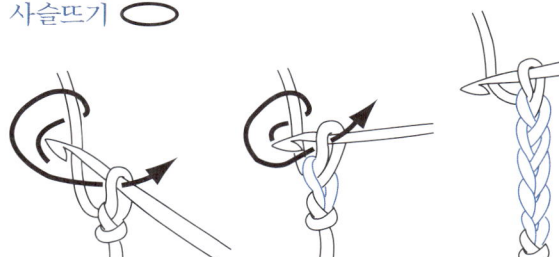

1 화살표와 같이 바늘을 움직여 시작코로 실을 빼낸다.

2 마찬가지로 2째 코로 빼낸다.

3 같은 동작을 반복해서 5째 코까지 뜬 모습.

코를 줍는 방법

똑같은 구슬뜨기라고 해도 기호에 따라 코를 줍는 방법이 다르다. 기호의 아래쪽이 막혀 있으면 앞단의 1코를 주워서 뜬다. 반대로 아래쪽이 열려 있으면 앞단의 사슬코를 통째로 주워서 뜬다.

 앞단의 1코에 뜬다.

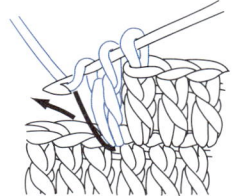
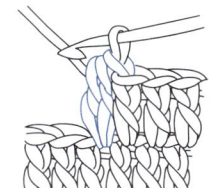

빼뜨기

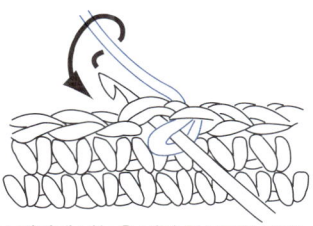
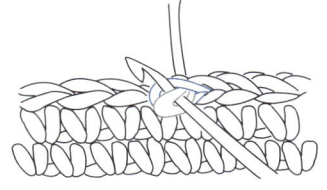

1 앞단에 바늘을 넣어 화살표와 같이 바늘에 실을 건다.

2 화살표와 같이 실을 빼낸다.

 앞단의 사슬뜨기를 통째로 주워서 뜬다.

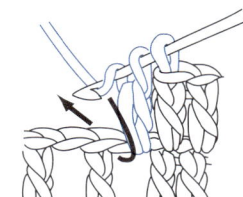
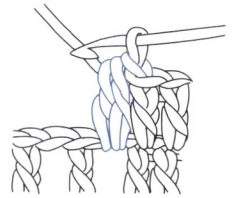

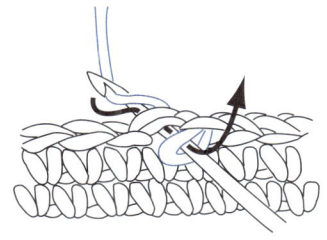

3 너무 팽팽해지지 않도록 실을 살짝 느슨하게 빼내면서 뜬다.

도안의 기호와 뜨는 방법

짧은뜨기

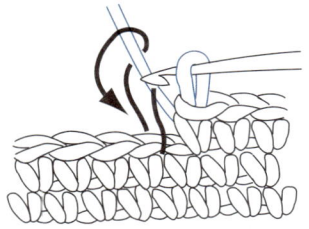

1 앞단에 바늘을 넣어 화살표와 같이 바늘에 실을 걸어 고리를 앞쪽으로 빼낸다.

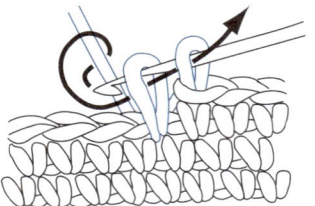

2 화살표와 같이 바늘에 실을 걸어 2개의 고리를 통과해 한 번에 빼낸다.

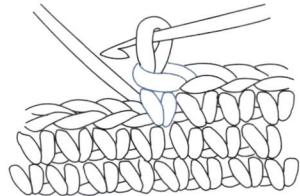

3 짧은뜨기 1코 완성.

긴뜨기

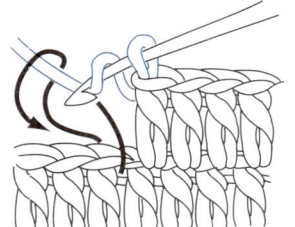

1 바늘에 실을 걸어 화살표와 같이 앞단에 바늘을 넣고, 다시 실을 걸어 고리를 앞쪽으로 빼낸다.

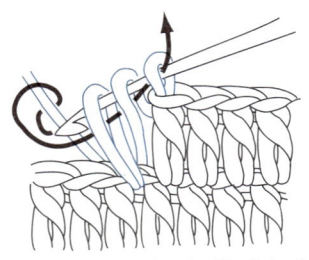

2 화살표와 같이 바늘에 실을 걸어 3개의 고리를 통과해 한 번에 빼낸다.

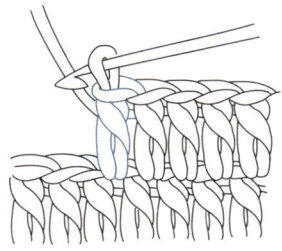

3 긴뜨기 1코 완성.

1길 긴뜨기

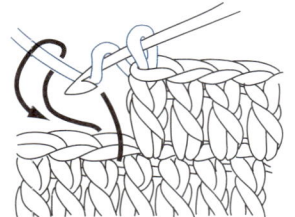

1 바늘에 실을 걸어 화살표와 같이 앞단에 바늘을 넣고, 다시 실을 걸어 고리를 앞쪽으로 빼낸다.

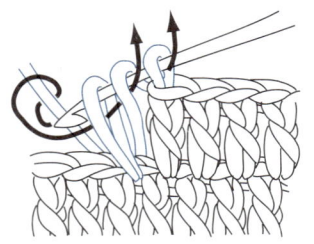

2 화살표와 같이 바늘에 실을 걸어 2개의 고리를 통과해 한 번에 빼낸다. 다시 한 번 더 실을 감아 남은 2개의 고리를 통과해 한 번에 빼낸다.

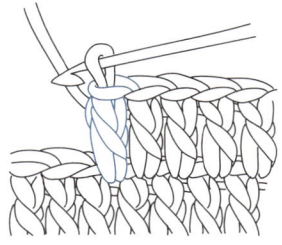

3 1길 긴뜨기 1코 완성.

2길 긴뜨기

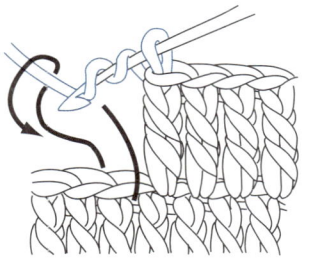

1 바늘에 실을 2번 감아 화살표와 같이 앞단에 바늘을 넣고, 다시 실을 감아 고리를 앞쪽으로 빼낸다.

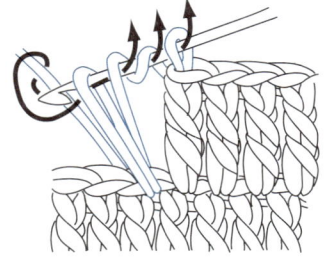

2 화살표와 같이 바늘에 실을 감아 2개의 고리를 통과해 한 번에 빼내고, 같은 동작을 2번 더 반복한다.

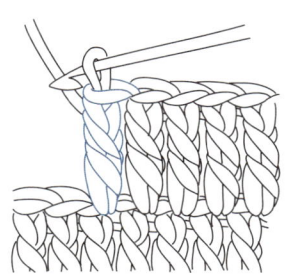

3 2길 긴뜨기 1코 완성.

백 짧은뜨기

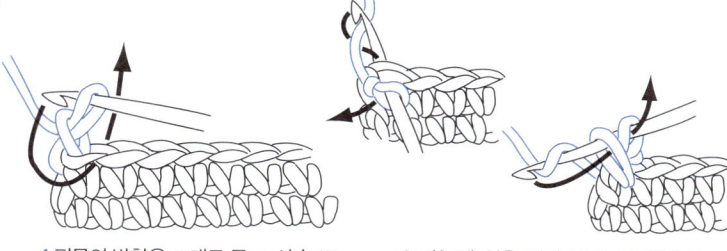

1 편물의 방향은 그대로 두고, 사슬 1코로 기둥을 올려서 화살표와 같이 앞단에 바늘을 넣는다.

2 바늘에 실을 걸어 고리를 앞쪽으로 빼내고, 다시 실을 걸어 2개의 고리를 통과해 한 번에 빼낸다.

3 똑같은 동작을 반복해서 왼쪽에서 오른쪽으로 1코씩 뜨며 돌아온다.

짧은뜨기 2번 1코에서 뜨기

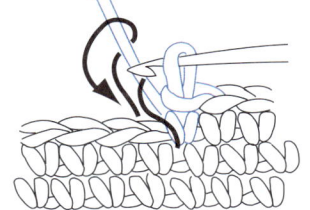
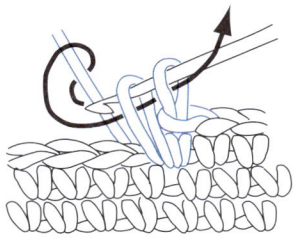
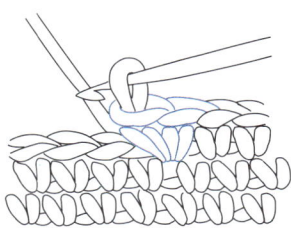

1 짧은뜨기를 1코 뜨고, 화살표와 같이 똑같은 코에 다시 한 번 바늘을 넣어 고리를 앞쪽으로 빼낸다.

2 화살표와 같이 바늘에 실을 걸어 2개의 고리를 통과해 한 번에 빼낸다.

3 1코에 짧은뜨기를 2번 뜬 모습. 1코가 늘어난 상태.

짧은뜨기 2코 모아뜨기

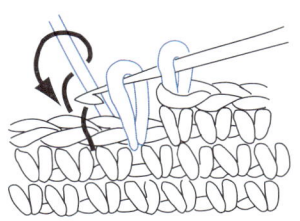
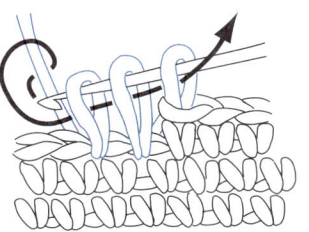
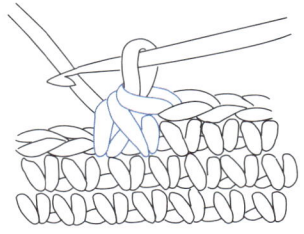

1 앞단의 2코에 1코씩 미완성 짧은뜨기를 뜬다.

2 화살표와 같이 바늘에 실을 걸어 3개의 고리에 한 번에 빼낸다.

3 짧은뜨기 2코 모아뜨기 완성. 1코가 줄어든 상태.

긴뜨기 2번 1코에서 뜨기

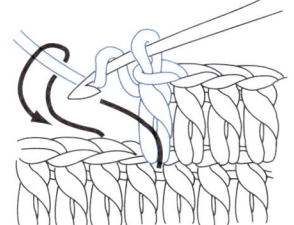
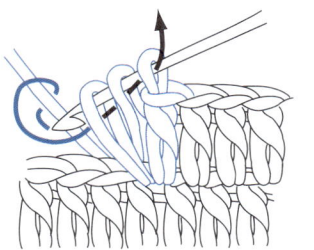
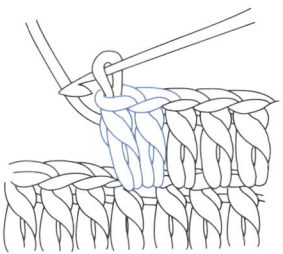

1 긴뜨기를 1코 뜨고, 바늘에 실을 걸어서 화살표와 같이 똑같은 코에 다시 한 번 바늘을 넣어 고리를 앞쪽으로 빼낸다.

2 화살표와 같이 바늘에 실을 걸어 3개의 고리를 통과해 한 번에 빼낸다.

3 1코에 긴뜨기를 2번 뜬 모습. 1코가 늘어난 상태.

긴뜨기 2코 모아뜨기

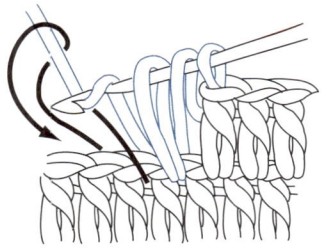
1 앞단의 2코에 1코씩 미완성 긴뜨기를 뜬다.

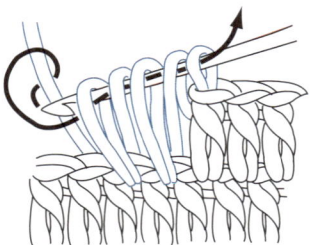
2 화살표와 같이 바늘에 실을 걸어 5개의 고리를 통과해 한 번에 빼낸다.

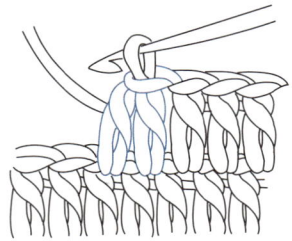
3 긴뜨기 2코 모아뜨기 완성. 1코가 줄어든 상태.

1길 긴뜨기 2번 1코에서 뜨기

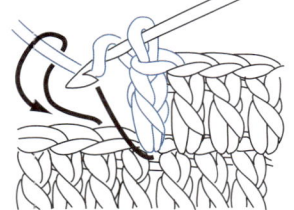
1 1길 긴뜨기를 1코 뜨고, 바늘에 실을 걸어 화살표와 같이 똑같은 코에 한 번 더 바늘을 넣어 고리를 앞쪽으로 빼낸다.

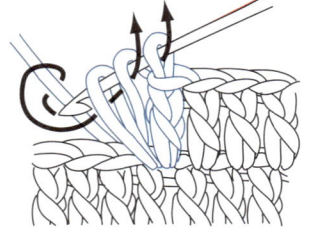
2 화살표와 같이 바늘에 실을 걸어 2개의 고리를 통과해 한 번에 빼낸다. 다시 한 번 실을 걸어 남은 2개의 고리를 통과해 한 번에 빼낸다.

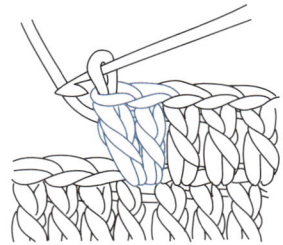
3 1코에 1길 긴뜨기를 2번 뜬 모습. 1코가 늘어난 상태.

1길 긴뜨기 2코 모아뜨기

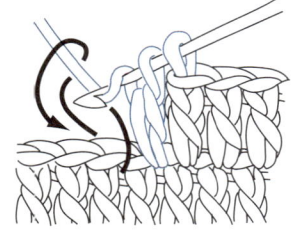
1 앞단의 2코에 1코씩 미완성 1길 긴뜨기를 뜬다.

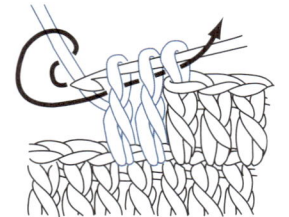
2 화살표와 같이 바늘에 실을 걸어 3개의 고리를 통과해 한 번에 빼낸다.

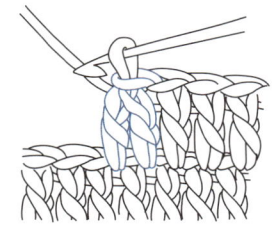
3 1길 긴뜨기 2코 모아뜨기 완성. 1코가 줄어든 상태.

긴뜨기 3코 구슬뜨기

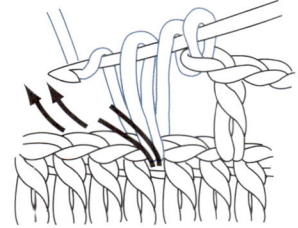
1 앞단의 똑같은 코에 미완성 긴뜨기를 3코 뜬다.

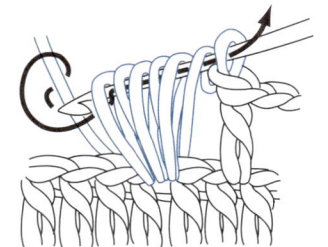
2 화살표와 같이 바늘에 실을 걸어 7개의 고리를 통과해 한 번에 빼낸다.

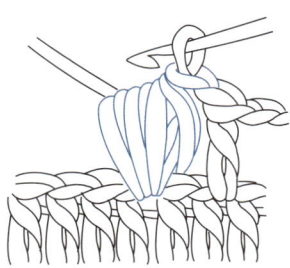
3 긴뜨기 3코 구슬뜨기 완성.

1길 긴뜨기 2코 구슬뜨기
(앞단에 뜬다)

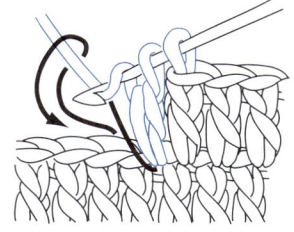
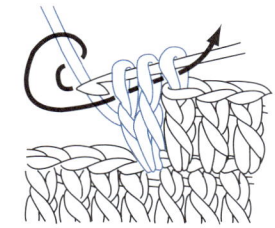
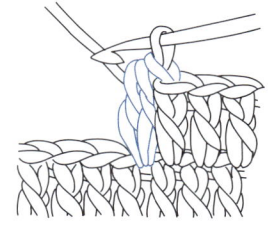

1 앞단의 같은 코에 미완성 1길 긴뜨기를 2번 뜬다.

2 화살표와 같이 바늘에 실을 걸어 3개를 통과해 고리에 한 번에 빼낸다.

3 1길 긴뜨기 2코 방울뜨기 완성.

1길 긴뜨기 2코 방울뜨기
(통째로 줍는다)

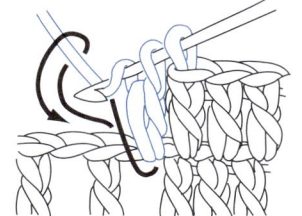
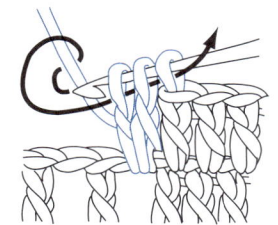
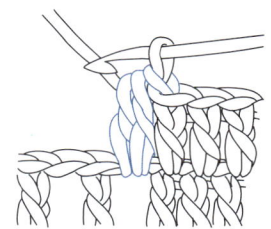

1 앞단의 사슬을 통째로 주워서 미완성 1길 긴뜨기를 2번 뜬다.

2 화살표와 같이 바늘에 실을 걸어 3개의 고리를 통과해 한 번에 빼낸다.

3 1길 긴뜨기 2코 방울뜨기 완성.

피코뜨기

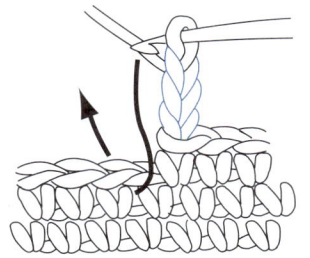
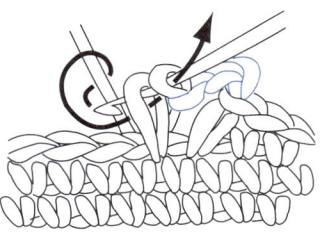
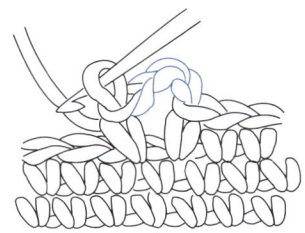

1 사슬 3코를 뜨고, 화살표와 같이 앞단에 바늘을 넣는다. 실을 걸어 고리를 앞쪽으로 빼낸다.

2 바늘에 실을 걸어 화살표와 같이 한 번에 빼낸다.

3 피코뜨기 완성.

피코빼뜨기

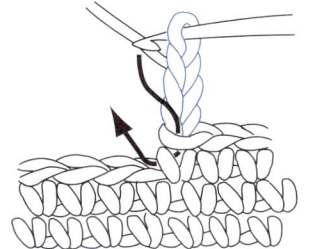
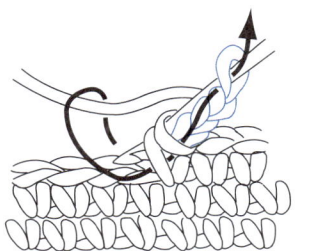
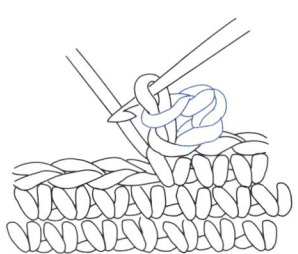

1 사슬 3코를 뜨고, 화살표와 같이 짧은뜨기의 머리 반 코와 기둥 1가닥에 바늘을 넣는다.

2 화살표와 같이 바늘에 실을 걸고 3개의 고리를 통과해 한 번에 빼낸다.

3 피코빼뜨기 완성.

lesson_01 중심에서 원형으로 둥근 도일리 뜨기

뜨는 순서
1. 사슬뜨기로 원형 코를 만든다.
2. 몸판을 뜬다.
3. 가장자리를 뜬다.

둥근 도일리
완성 사진은 p.14에 있습니다.

재료
＊하늘색 도일리
올림퍼스 에미그란데〈허브〉
341 하늘색 · 20g
표백하지 않은 끈 · 80cm
파란색 비즈 1개

＊갈색 도일리
올림퍼스 에미그란데〈허브〉
814 연한 갈색 · 20g

바늘
레이스용 코바늘 0호

완성 크기
지름 25cm

▼ = 실을 자른다

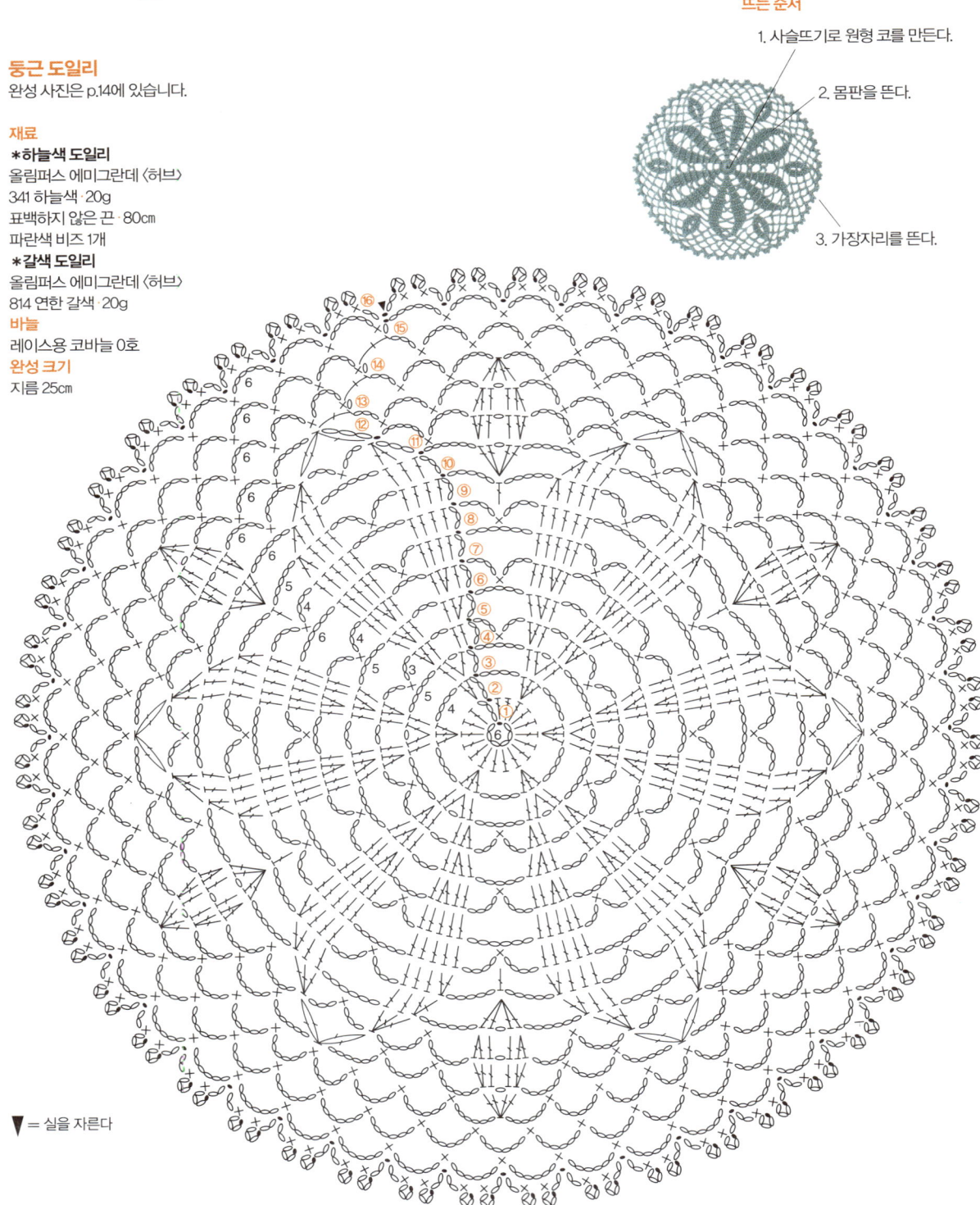

실과 바늘 다루는 방법

●실을 빼는 방법

실타래의 라벨을 떼어내고 바깥쪽에서 실을 풀기 시작한다. 때가 타지 않도록 투명 비닐 주머니에 넣어서 고무줄로 입구를 살짝 조인다.

●실을 거는 방법(왼손)

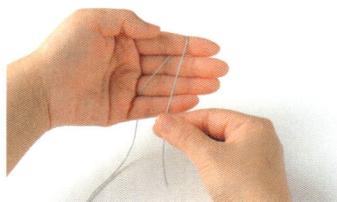

1 사진과 같이 손가락 사이로 실을 넣고, 실 끝이 손가락 앞에 놓이게 한다.

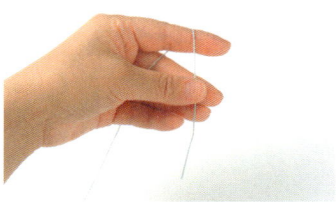

2 엄지와 중지로 실 끝을 가볍게 잡고, 검지로 실을 조절한다.

●바늘 쥐는 방법(오른손)

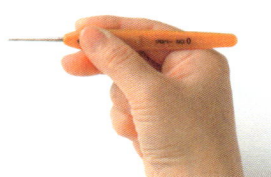

엄지와 검지로 가볍게 쥐고, 뜰 때는 중지를 바늘 끝에 갖다 대어 안정감을 준다.

사슬뜨기로 원형 코 만드는 방법

●시작코 만드는 방법

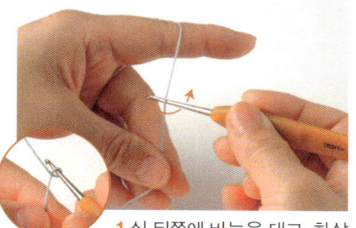

1 실 뒤쪽에 바늘을 대고, 화살표 방향으로 바늘을 움직여 바늘 끝에 실을 한 바퀴 감는다.

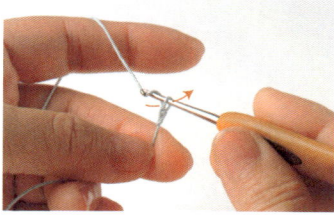

5 2번째 코도 마찬가지로 바늘 끝에 실을 걸어 빼낸다. 이 방법을 반복한다.

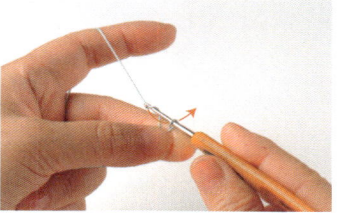

2 엄지와 중지로 실 아래를 누르고, 바늘 끝에 실을 걸어 고리로 끌어낸다.

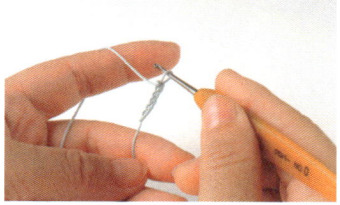

6 6번째 사슬코를 뜬 모습.

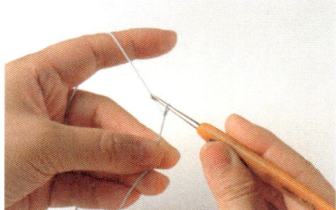

3 시작코 완성. 완성된 시작 코는 첫 번째 코로 세지 않는다.

●빼뜨기

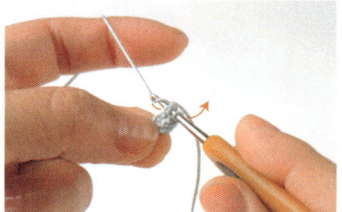

7 사슬코를 다 뜨고 나서 첫 코에 바늘을 넣어 화살표 방향으로 한 번에 빼낸다.

●사슬뜨기

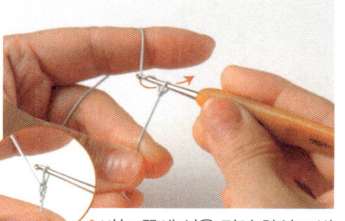

4 바늘 끝에 실을 걸어 화살표 방향으로 빼내면 사슬코 1코가 완성된다.

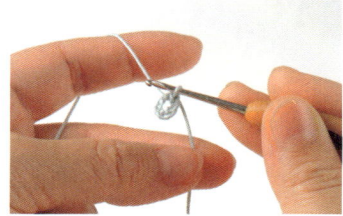

8 '사슬뜨기로 원형 코 만들기' 완성.

1째 단

● 1길 긴뜨기

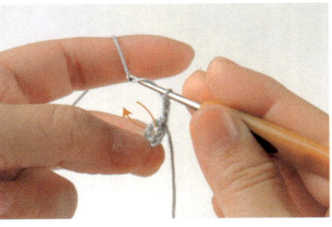

1 사슬 3코로 기둥을 올린다. 바늘 끝에 실을 걸어 화살표와 같이 사슬을 통째로 떠서 실을 빼낸다.

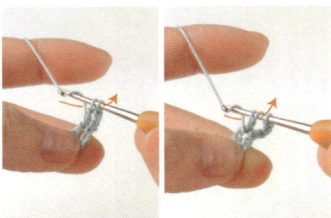

2 바늘 끝에 실을 걸어 고리 2개를 통과해 한 번에 빼낸다. 다시 실을 걸어 남은 고리 2개를 한 번에 통과해 빼낸다.

3 1길 긴뜨기 완성. 1·2의 방법으로 1길 긴뜨기를 17코 뜬다. 기둥으로 세운 사슬 3코를 1코로 세면 1째 단 18코 뜨기.

4 마지막에는 기둥코의 3째 코에 바늘을 넣어 한 번에 빼낸다.

2~11째 단

● 1길 긴뜨기 2번 1코에서 뜨기

1 2째 단의 첫코도 사슬 3코로 기둥코를 만들고, 앞단 기둥코의 3째 사슬에 1길 긴뜨기를 뜬다.

2 같은 코에 한 번 더 1길 긴뜨기를 뜨면 완성.

● 1길 긴뜨기 3번 1코에서 뜨기

3 사슬 코 4코를 뜬 후 1째 단의 코를 2개 지나치고 3번 째 코에 1길 긴뜨기를 3번 뜬다. 이 과정을 4번 더 반복하고 기둥코의 3째 코에서 빼뜨기하면 2째 단 완성.

● 짧은뜨기

4 4째 단의 짧은뜨기는 앞단의 사슬을 통째로 주워서 뜬다.

5 4의 화살표와 같이 바늘을 넣어서 실을 앞으로 빼내고, 바늘 끝에 실을 걸어 고리 2개를 한 번에 통과해 빼낸다. 짧은뜨기 1코 완성.

● 1길 긴뜨기 2코 모아뜨기

6 9째 단부터 시작되는 1길 긴뜨기 2코 모아뜨기는 우선 미완성 1길 긴뜨기를 바늘에 건 채로 바늘 끝에 실을 걸어 다음 코에 바늘을 넣는다.

7 미완성 1길 긴뜨기를 한 번 더 뜨고 바늘에 걸린 3개의 고리를 통과해 한 번에 빼낸다. 1길 긴뜨기 2코 모아뜨기 완성.

● 1길 긴뜨기 3코 모아뜨기

8 11째 단의 1길 긴뜨기 3코 모아뜨기는 우선 미완성 1길 긴뜨기를 3코 뜨고, 7과 같은 요령으로 4개의 고리를 통과해 한 번에 빼낸다.

12~16째 단

●1길 긴뜨기 4코 변형 구슬뜨기

1 첫 번째 구슬뜨기는 기둥코의 사슬 3코와 앞단의 1코에 미완성 1길 긴뜨기 1코를 뜨고, 다음 코에 미완성 1길 긴뜨기 2코를 뜬다.

2 1의 오른쪽 화살표와 같이 바늘 끝에 실을 걸어 4개의 고리를 통과해 한 번에 빼낸다. 변형 구슬뜨기 완성.

3 두 번째 구슬뜨기부터는 앞단 1코에 미완성 1길 긴뜨기를 2코씩 뜨고, 바늘에 걸린 5개 고리를 통과해 한 번에 빼낸다.

●12~14째 단의 끝

4 사슬 3코를 떠서 첫 코(12째 단은 구슬뜨기, 13·14째 단은 짧은뜨기)에 1길 긴뜨기를 뜬다.

●13~15째 단의 시작

5 사슬 1코로 기둥을 올리고, 앞단의 끝 코인 1길 긴뜨기를 통째로 주워서 짧은뜨기를 뜬다.

●16째 단의 피코빼뜨기

6 16째 단을 시작할 때 사슬 2코를 뜬 후 짧은뜨기를 뜬다. 다시 사슬 3코를 뜨고, 짧은뜨기의 머리에 바늘을 넣어 빼낸다.

7 피코빼뜨기 완성.

●16째 단의 빼뜨기

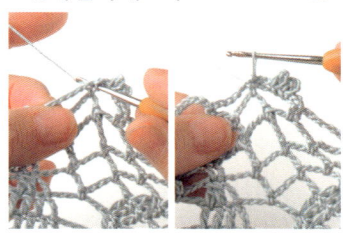

8 무늬 1개를 끝낼 때는 앞단의 짧은뜨기 머리(뒤집힌 여덟 팔(八) 자)의 뒤쪽 1가닥에 바늘을 넣어 한 번에 빼낸다.

실을 정리하는 방법

1 다 뜨고 나면 실을 15㎝ 정도 남기고 자른 후 마지막 고리를 늘려 실 끝을 빼낸다.

2 돗바늘에 실 끝을 꿰어 뒤쪽에서 빼내고, 편물의 고리를 여러 개 통과시켜 실을 감추고 자른다.

3 시작하는 부분의 실은 돗바늘에 꿰어 뒤쪽에서 1째 단을 살짝 떠서 실을 감추듯이 넣어주고, 남은 실은 잘라낸다.

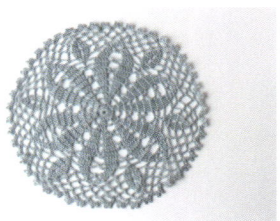

4 작품을 완성하면 뒤쪽을 다림질하여 모양을 정리한다.

lesson_02 사슬뜨기로 시작코 만들어 평뜨기로 사각 도일리 뜨기

사각 도일리
사진은 p.15에 있습니다.

재료
올림푸스 에미그란데 〈허브〉
732 아이보리색 20g
814 연한 갈색 10g

바늘
뜨개바늘 2/0호

완성 크기
19.5cm×26cm

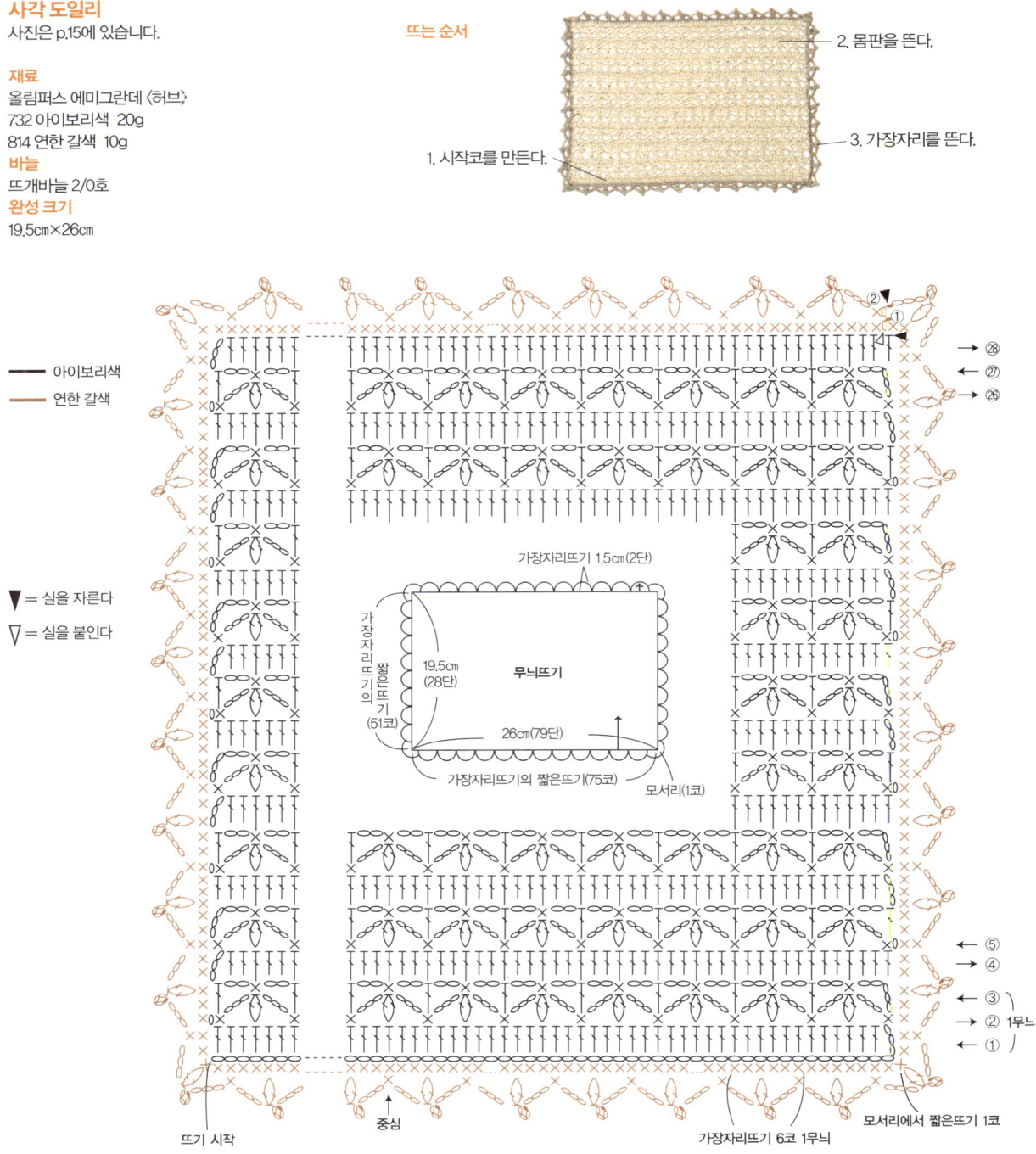

몸판 / 시작코

● 사슬뜨기

1 사슬뜨기를 79코 뜬다.

몸판 / 1째 단

● 1길 긴뜨기

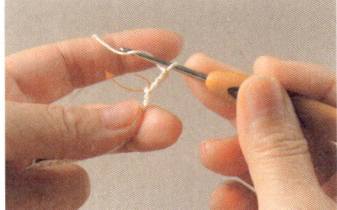

2 계속해서 사슬 1코를 더 떠서 1째 단의 기둥을 올린다. 바늘 끝에 실을 걸어 바늘에서 5번째 사슬의 콧등에 바늘을 넣는다.

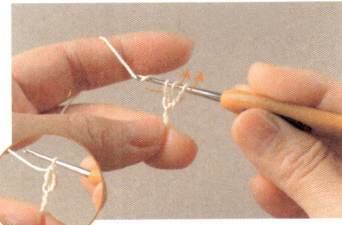

3 화살표와 같이 바늘을 2번 빼내면 1길 긴뜨기 완성.

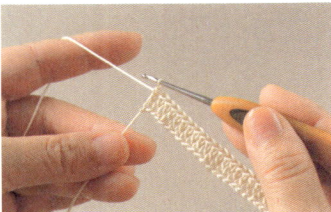

4 2·3의 방법으로 1길 긴뜨기를 79코 뜬다. 기둥코도 1코로 센다.

몸판 / 2째 단

● 첫 코

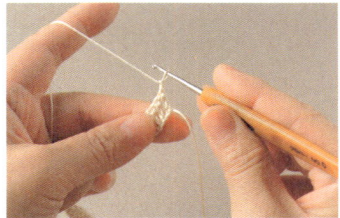

1 편물을 왼손으로 쥐고, 2째 단은 사슬 1코로 기둥을 올린다. 이 사슬은 1코로 세지 않는다.

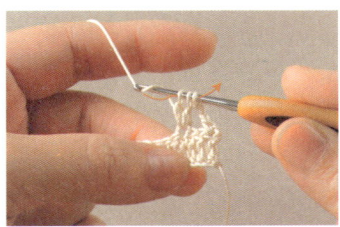

5 바늘에 걸린 3개의 고리에 한 번에 빼낸다.

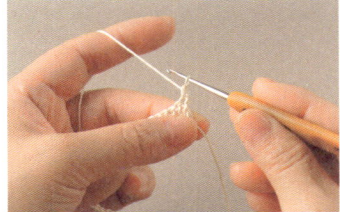

2 앞단의 1째 코에 짧은뜨기 1코를 뜬 모습. 이어서 사슬 3코를 뜬다.

6 1길 긴뜨기 2코 구슬뜨기 완성.

● 1길 긴뜨기 2코 구슬뜨기

3 앞단의 2코를 건너서 3째 코에 1길 긴뜨기 2코 구슬뜨기를 뜬다.

7 사슬 3코를 뜨고, 구슬뜨기한 코에서 3째 코에 짧은뜨기 1코를 뜬다. 무늬 1개 완성.

● 끝 코

4 미완성 1길 긴뜨기 1코를 바늘에 건 채로 똑같은 코에 다시 미완성 1길 긴뜨기를 뜬다.

8 앞단 기둥코의 3째 코 콧등에 바늘을 넣어서 짧은뜨기를 뜬다.

몸판 / 3~28단

●3째 단

1 편물을 다시 왼손에 쥐고, 사슬 3코로 기둥을 올린 후에 '사슬 2코, 짧은뜨기 1코, 사슬 2코, 1길 긴뜨기 1코'를 반복한다.

5 3·4의 요령으로 무늬뜨기를 반복한다.

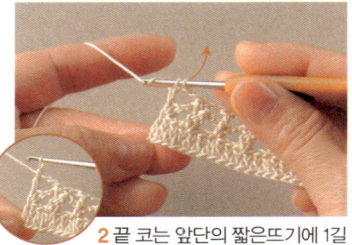

2 끝 코는 앞단의 짧은뜨기에 1길 긴뜨기 1코를 뜬다.

6 끝 코는 앞단 기둥코의 3째 코에 뜬다.

●4째 단 이후

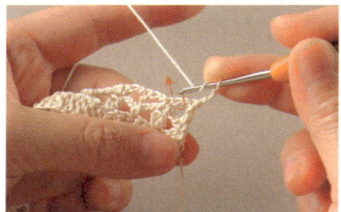

3 편물을 다시 왼손에 쥐고 사슬 3코로 기둥을 올리고, 앞단의 사슬 구멍을 통째로 주워서 1길 긴뜨기 2코를 뜬다.

7 2~4째 단과 같은 요령으로 5~28단까지 뜬다. 실 끝은 15cm 남겨서 자른 후 마지막 고리를 늘려 실 끝을 빼낸다.

4 그다음의 1길 긴뜨기 1코는 앞단의 짧은뜨기에 뜬다.

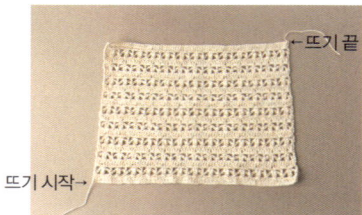

8 몸판 완성. 뜨기 끝의 실 끝은 오른쪽 위로 넘겨둔다.

가장자리뜨기 / 1~2단

※사진에서는 알아보기 쉽게 주황색 실을 사용했습니다.

●1째 단

1 몸판 28째 단의 오른쪽에서 2째 코에 새 실을 붙여서 사슬 1코를 올린다.

2 1째 단은 짧은뜨기로 빙 둘러 준다. 몸판의 위쪽을 뜰 때 중간중간 1코씩, 총 4군데를 건너 뛰면서 뜬다.

3 모서리는 28째 단의 기둥코 사슬에 2코를 뜬다.

4 몸판 왼쪽의 1길 긴뜨기 부분은 도안의 뜨개 기호를 보면서 균형을 맞춰가며 코를 주워 뜬다.

●2째 단·피코빼뜨기가 붙은 구슬뜨기

실 마무리하기

5 짧은뜨기 부분은 그 머리에 뜬다.

9 사슬 1코로 기둥을 올리고, 짧은뜨기 1코, 사슬 3코를 뜬다. 그다음의 피코빼뜨기가 붙은 구슬뜨기는 우선 1길 긴뜨기 2코 구슬뜨기를 뜬다.

1 실을 15㎝ 남기고 자른다. 마지막 고리를 늘려서 실 끝을 빼내어 돗바늘에 꿴다.

6 몸판 아래쪽의 시작코 부분은 사슬코 2겹에 바늘을 넣어 짧은뜨기한다. 2번의 몸판 위쪽을 뜰 때와 마찬가지로 중간 중간 1코씩, 총 4군데를 건너 뛰면서 뜬다.

10 이어서 사슬 3코를 뜨고, 구슬뜨기의 머리에 바늘을 넣어서 한 번에 빼낸다.

7 몸판 오른쪽도 왼쪽과 마찬가지로 뜨고, 1째 단의 끝 코는 첫 코인 짧은뜨기에 빼뜨기한다.

11 피코빼뜨기가 붙은 구슬뜨기 완성.

2 2째 단의 짧은뜨기 코를 지나 바늘을 뒤로 빼낸다. 1째 단의 짧은뜨기 코를 살짝 떠서 실을 감추고는 실 끝을 잘라낸다.

8 1째 단 완성.

12 이어서 사슬 3코, 짧은뜨기 1코를 뜨면 산 모양의 무늬가 완성된다. 같은 요령으로 1바퀴 돈다.

3 완성한 작품은 뒤쪽에서 다림질해 모양을 정리한다.

찻잔 받침
완성 사진은 p.8에 있습니다.

재료
올림퍼스 에미그란데 〈허브〉
732 아이보리색·5g
777 갈색·2g

바늘
뜨개바늘 2/0호

완성 크기
지름 11.5cm

뜨는 방법
1. **원형 코를 만든다.**
실을 감아 원형 코를 만들고, 사슬 1코로 기둥을 올린다. 원형 코에 짧은뜨기를 8코 뜬다.
2. **몸판을 뜬다.**
2째 단은 사슬 3코로 기둥을 올리고, 짧은뜨기의 머리에 바늘을 넣어 1길 긴뜨기와 사슬뜨기를 반복한다. 3~7째 단의 1길 긴뜨기 구슬뜨기는 앞단의 사슬을 통째로 주워서 뜬다.
3. **가장자리를 뜬다.**
8째 단의 1길 긴뜨기 2코 모아뜨기도 앞단의 사슬을 통째로 주워서 뜨고, 사슬 5코의 3째 코에 빼내는 피코빼뜨기와 교대로 뜬다.

뜨는 순서

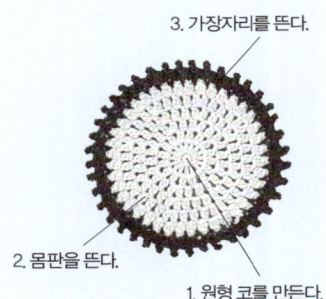

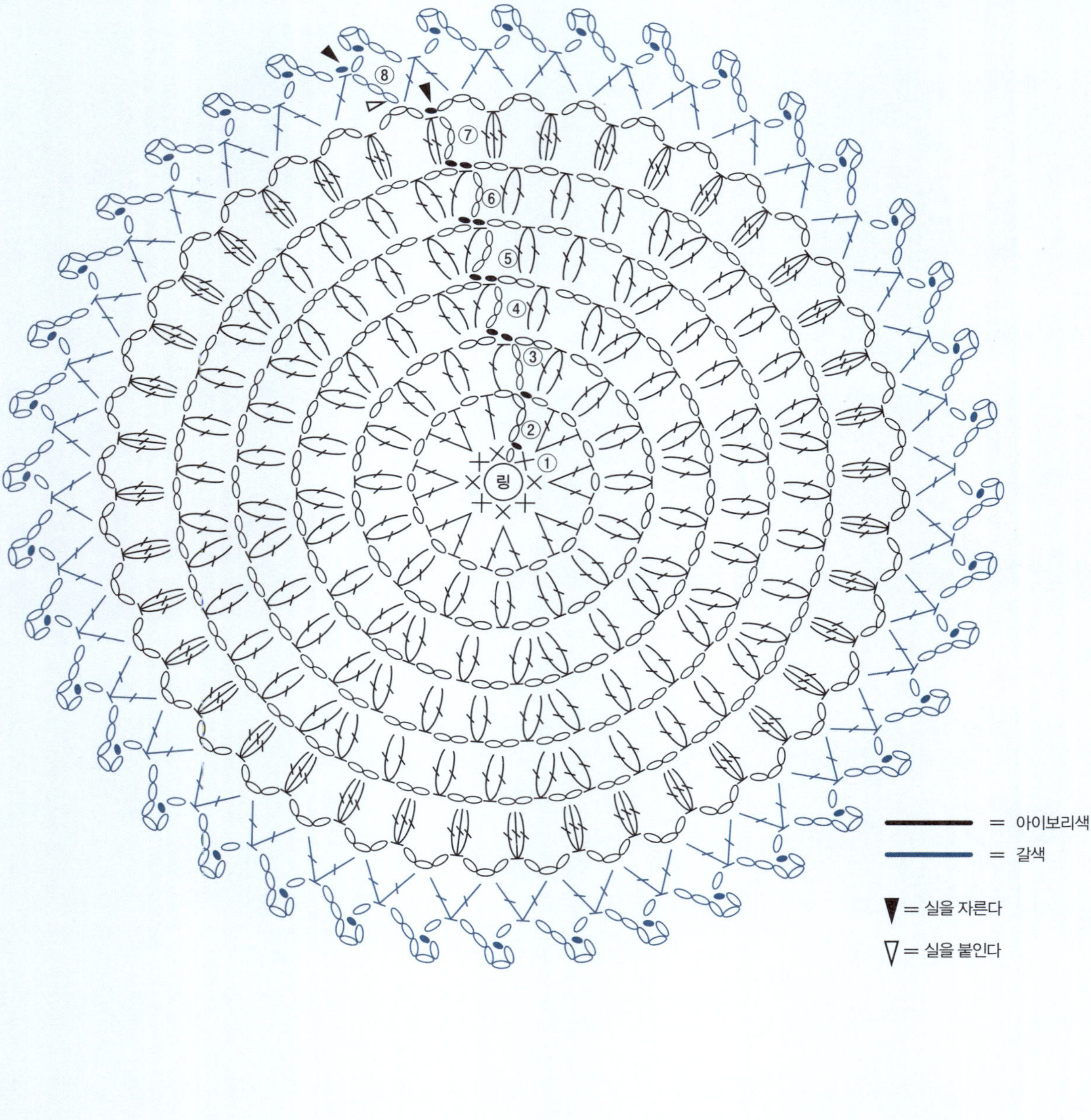

1. 원형 코를 만든다.
2. 몸판을 뜬다.
3. 가장자리를 뜬다.

━ = 아이보리색
━ = 갈색

▼ = 실을 자른다
▽ = 실을 붙인다

찻잔 받침
완성 사진은 p.8에 있습니다.

재료
올림퍼스 에미그란데 〈허브〉
732 아이보리색·3g
273 초록색·2g
814 연한 갈색·1g

바늘
뜨개바늘 2/0호

완성 크기
세로 12cm

뜨는 방법

1. 원형 코를 만든다.
실을 감아 원형 코를 만들고, 사슬 1코로 기둥을 올린다. 원형 코에 짧은뜨기를 6코 뜬다.

2. 몸판을 뜬다.
2째 단은 사슬 3코로 기둥을 올리고, 1길 긴뜨기 구슬뜨기와 사슬 3코를 반복한다. 3째 단에서 사슬뜨기로 토대를 만들고, 4째 단 이후에는 삼각형이 되도록 앞단의 사슬을 통째로 주워서 1길 긴뜨기를 3코씩 뜬다. 5~9째 단은 사슬 1코, 짧은뜨기 1코로 기둥을 올리고, 다 뜨면 첫 코의 사슬을 통째로 주워서 빼뜨기를 한다.

3. 가장자리를 뜬다.
10째 단은 사슬 1코로 기둥을 올리고, 앞단의 사슬을 통째로 주워서 짧은뜨기와 사슬뜨기를 한다. 1길 긴뜨기를 한 3군데에는 사슬 3코의 피코뜨기를 뜬다.

POINT
실을 바꿀 때는 마지막 빼뜨기에서 바꾼다.

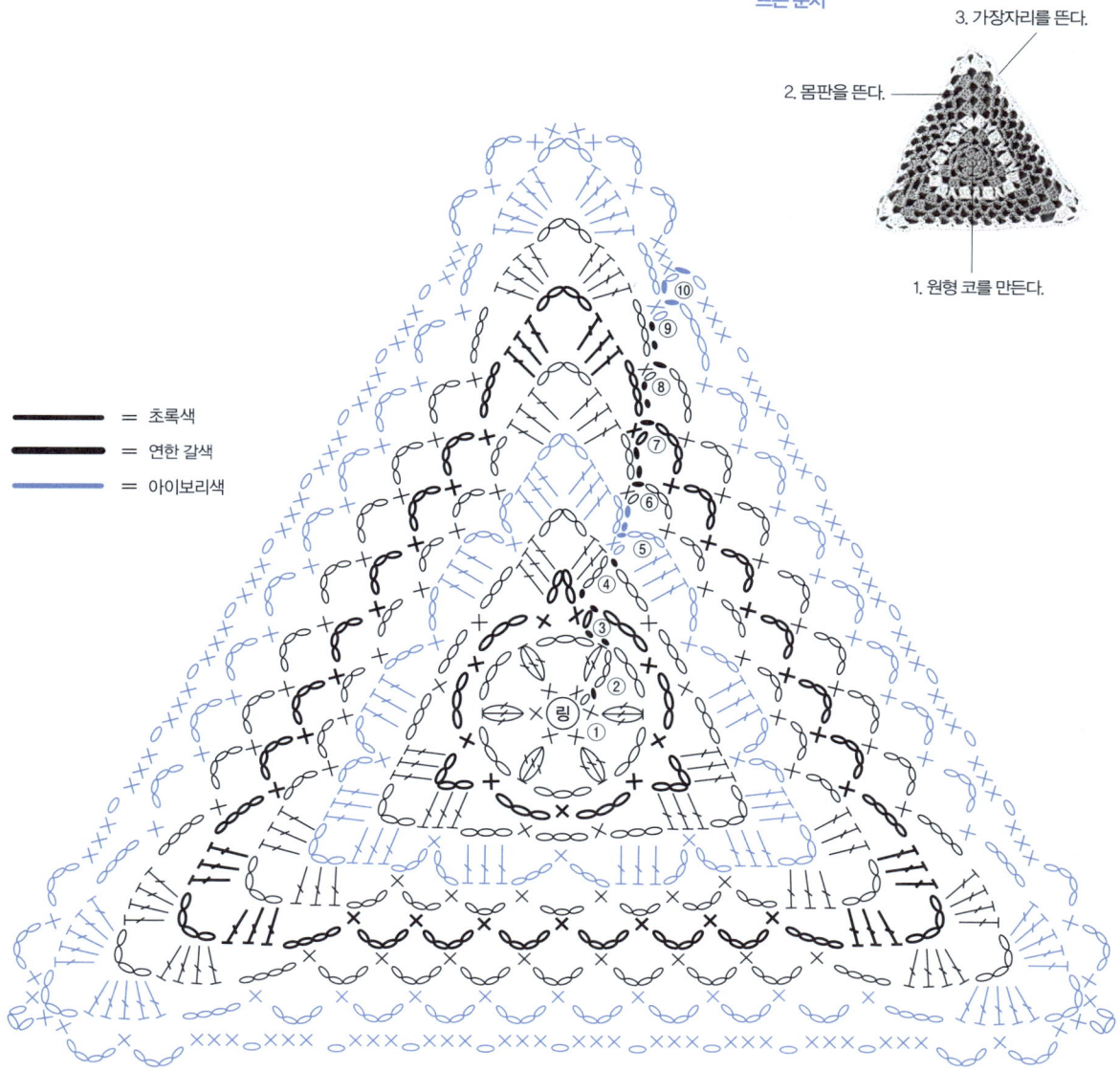

뜨는 순서
1. 원형 코를 만든다.
2. 몸판을 뜬다.
3. 가장자리를 뜬다.

━━ = 초록색
━━ = 연한 갈색
━━ = 아이보리색

찻잔 받침
완성 사진은 p.8에 있습니다.

재료
올림푸스 에미그란데 <허브>
341 하늘색 · 3g
732 아이보리색 · 3g

바늘
뜨개바늘 2/0호

완성 크기
(피코뜨기 없음) 10.2cm×10.2cm
(피코뜨기 있음) 10.5cm×10.5cm

뜨는 방법
1. 원형 코를 만든다.
원형 코를 만들어 사슬 3코로 기둥으로 올리고, 사슬 5코와 1길 긴뜨기 1코를 반복한다.

2. 몸판을 뜬다.
2~9째 단까지는 사슬 3코로 기둥을 올리고, 모서리는 사슬 4코를 뜬다. 1길 긴뜨기는 앞단의 사슬을 통째로 주워서 뜬다.

3. 가장자리를 뜬다.
가장자리뜨기에서 피코뜨기가 없는 작품은 9째 단까지 하늘색 실로 떠서 마무리한다. 피코뜨기가 있는 작품은 9째 단에서 아이보리색 실로 바꾸어 마찬가지로 뜨고, 10째 단은 사슬 2코, 앞단의 사슬에 빼뜨기 1코를 반복한다. 모서리는 3코와 5코의 피코뜨기를 뜬다.

POINT
실을 바꿀 때는 마지막 빼뜨기에서 바꾼다.

뜨는 순서

3. 가장자리를 뜬다.
2. 몸판을 뜬다.
1. 원형 코를 만든다.

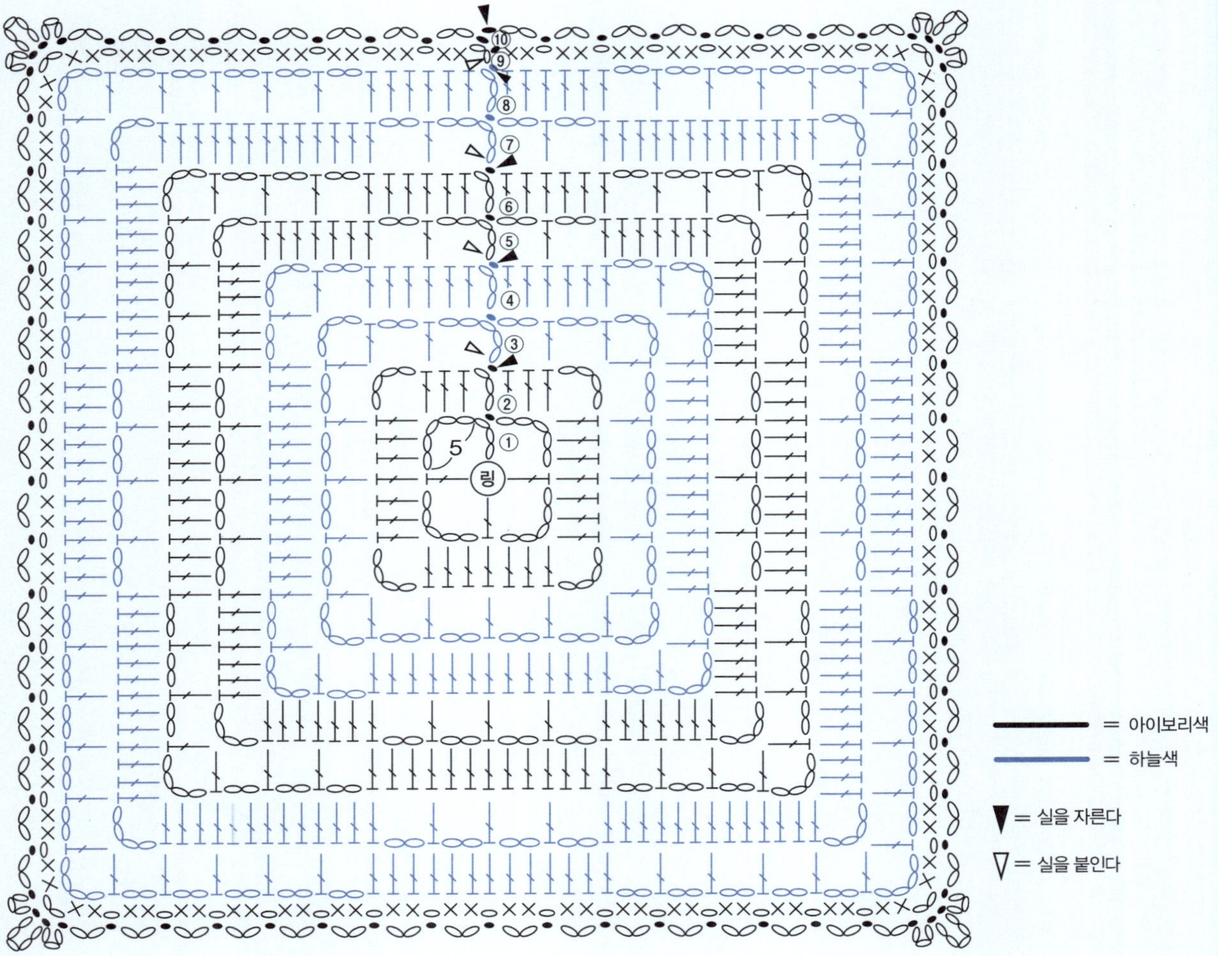

■ = 아이보리색
■ = 하늘색
▼ = 실을 자른다
▽ = 실을 붙인다

뜨는 순서

4. 가장자리를 뜬다.
1. 쿠션을 만든다.
2. 원형 코를 만든다.
3. 몸판을 2장 뜬다.

파란색 작품은 실을 바꾼다

━━ = 파란색 작품은 연한 갈색

▼ = 실을 자른다
▽ = 실을 붙인다

바늘방석
완성 사진은 p.16에 있습니다.

재료
*파란색 작품
올림퍼스 에미그란데
486 파란색 · 4g
올림퍼스 에미그란데 〈허브〉
814 연한 갈색 · 1g
*분홍색 작품
올림퍼스 에미그란데
165 분홍색 · 5g
1.2cm 둥근 단추 · 1개
*공통
리넨 6.5cm×11.5cm
수예용 솜 · 적당히

바늘
뜨개바늘 2/0호

완성 크기
5.8cm×5.8cm

뜨는 방법

1. 쿠션을 만든다.
0.7cm의 시접을 두고 천을 재단하여 창구멍 2.5cm를 남기고 박음질한다. 창구멍으로 뒤집어서 솜을 채우고, 창구멍을 막는다.

2. 원형 코를 만든다.
원형 코를 만들어서 사슬 3코로 기둥을 올리고, 1길 긴뜨기 4코, 사슬 3코를 교대로 뜬다. 마지막에는 사슬 1코를 뜨고, 긴뜨기로 기둥코의 사슬과 잇는다.

3. 몸판을 2장 뜬다.
2~4째 단은 도안과 같이 모서리에서는 1길 긴뜨기 4코, 사슬 3코를 뜨고, 모서리와 모서리 사이는 1길 긴뜨기 1코, 사슬 2코를 교대로 뜬다. 똑같은 몸판을 2장 뜬다. 분홍색 작품에서는 1장은 4째 단에서 실을 자르고, 다른 1장의 실로 계속해서 5째 단의 가장자리를 뜬다.

4. 가장자리를 뜬다.
몸판 2장 사이에 바늘방석을 넣고 가장자리뜨기로 2장을 이어나간다. 분홍색 작품은 중심에 단추를 단다.

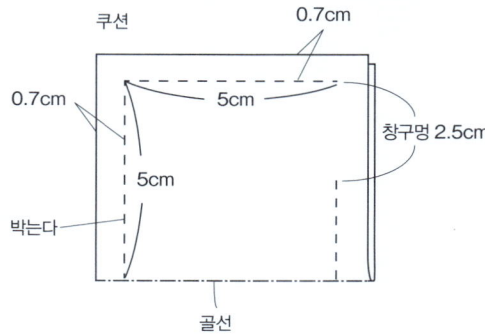

찻주전자 받침
사진은 p.9에 있습니다.

재료
＊주황색 작품
올림퍼스 에미그란데 〈허브〉
732 아이보리색 · 20g
171 주황색 · 5g
＊보라색 작품
올림퍼스 에미그란데 〈허브〉
732 아이보리색 · 20g
600 보라색 · 3g
814 연한 갈색 · 2g
1.3cm 둥근 단추 · 각 1개

바늘
뜨개바늘 2/0호

완성 크기
지름 약 15cm

뜨는 방법
1. 원형 코를 만든다.
원형 코를 만들어 사슬 3코로 기둥을 올리고, 원형 코에 1길 긴뜨기를 17코 뜬다.

2. 몸판을 2장 뜬다.
도안과 같이 1길 긴뜨기, 짧은뜨기, 사슬뜨기로 떠나간다. 11째 단은 2길 긴뜨기 2코 모아뜨기와 3코 모아뜨기를 뜬다. 11째 단까지 뜨고서 실을 자르고, 똑같은 몸판을 하나 더 뜬다.

3. 가장자리를 뜬다.
몸판을 2장 겹쳐서 가장자리에 2길 긴뜨기, 짧은뜨기, 사슬뜨기를 뜬다.

4. 손잡이를 뜬다.
도안의 설명을 참조해서 뜬다.

5. 중앙에 장식뜨기를 한다.
몸판을 2장 겹쳐서 3째 단의 1길 긴뜨기(앞쪽만)와 4째 단의 짧은뜨기를 주워가며 뜬다.

6. 마무리하기.
손잡이의 아래에 단추를 달아 준다.

＊가장자리뜨기

1 몸판을 2장 뜬다.

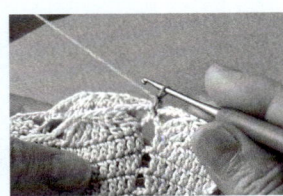

2 몸판을 뒷면끼리 맞대어 놓는다. 배색 실을 짧은뜨기의 머리에 붙이고, 사슬 4코를 뜬다.

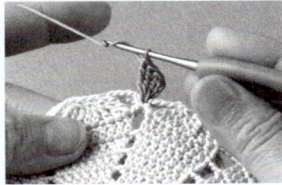

3 같은 코에 2길 긴뜨기를 3코 뜬다.

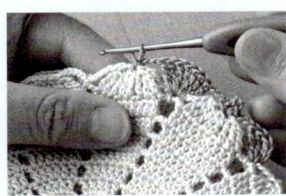

4 2길 긴뜨기와 짧은뜨기는 2장을 같이 주워가며 도안을 참조하여 떠나간다.

5 마지막에는 기둥코의 사슬에 빼뜨기를 한다. 계속해서 손잡이를 뜬다.

뜨는 순서

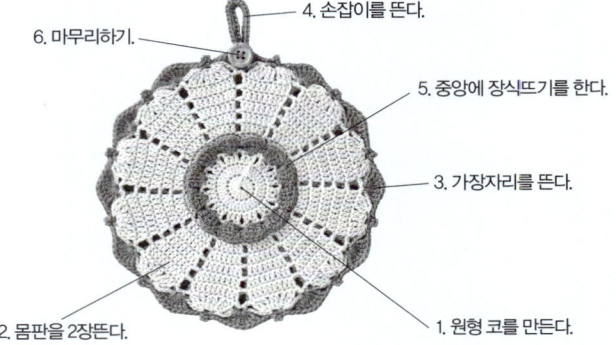

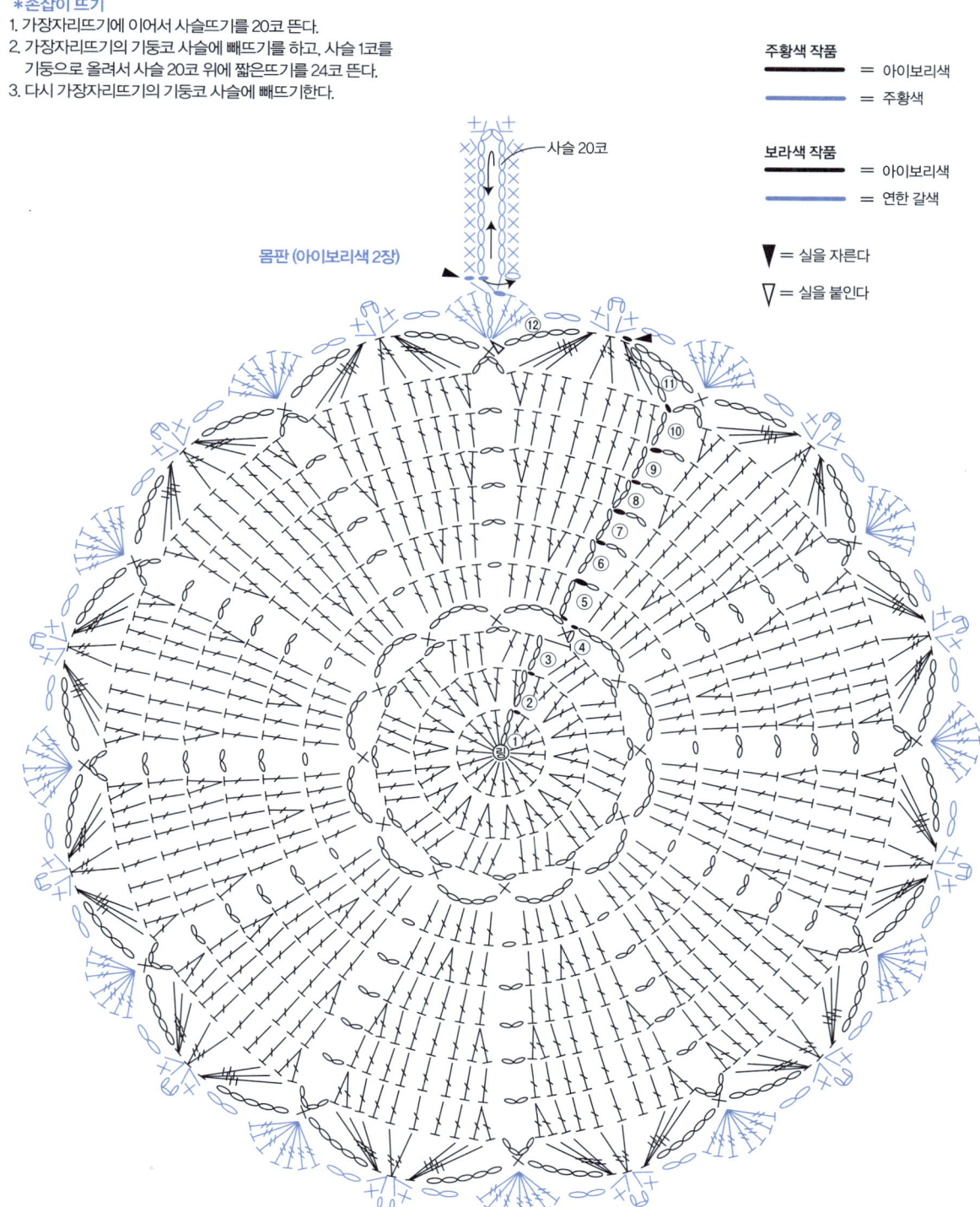

*중앙에 뜨는 장식뜨기

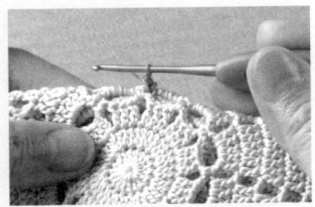

1 4째 단 이후의 단들을 뒤로 접고, 몸판 4째 단의 짧은뜨기 2장에 실을 붙여서 사슬 1코, 짧은뜨기 1코를 뜬다.

2 사슬 2코를 뜨고, 앞쪽의 3째 단 1길 긴뜨기를 주워서 2길 긴뜨기를 뜬다.

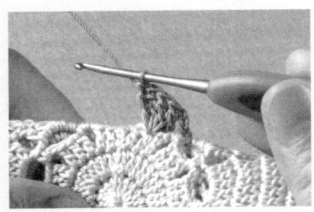

3 2길 긴뜨기를 똑같은 코에 4코 뜨고, 이어서 사슬 2코를 뜬다.

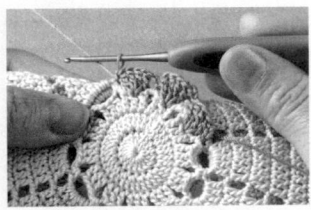

4 1~3을 반복하여 12개의 무늬를 떠서 장식뜨기를 완성한다.

중앙에 뜨는 장식뜨기

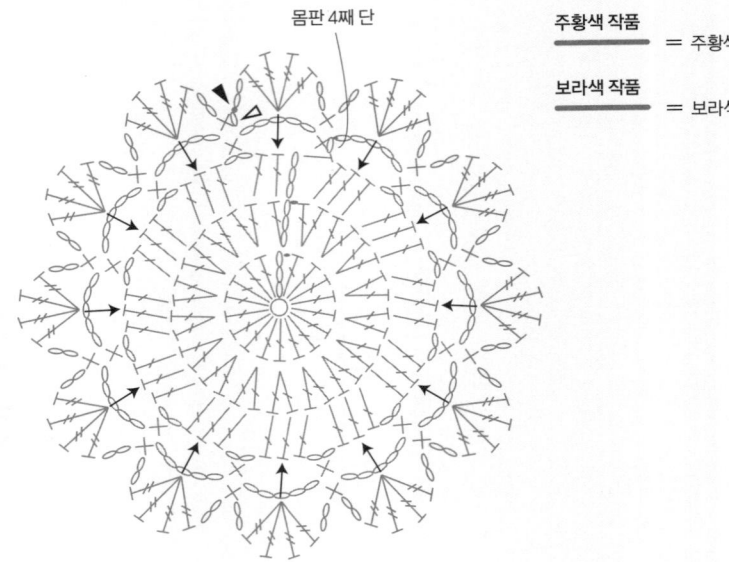

마무리하기

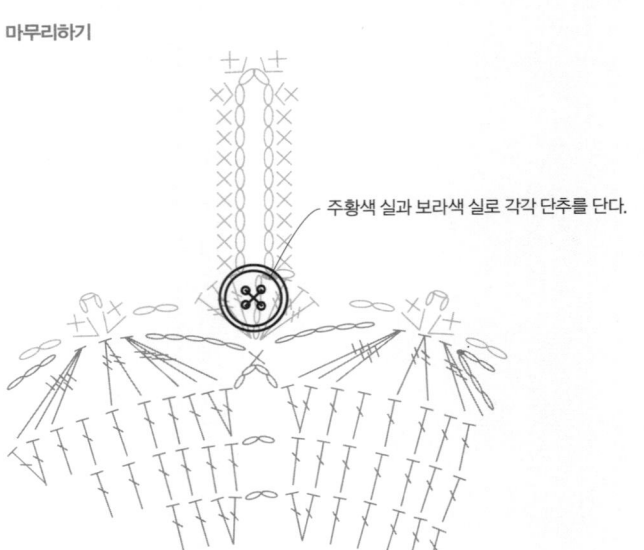

주황색 실과 보라색 실로 각각 단추를 단다.

테두리 장식 레이스
완성 사진은 p.20에 있습니다.

재료
올림퍼스 에미그란데 〈허브〉
732 아이보리색·26g

바늘
뜨개바늘 0호

완성 크기
85cm×7cm
(1무늬 약 3.2cm)

뜨는 방법
1. 시작코를 만든다
사슬뜨기를 317코 떠서 시작코를 만든다.
2. 몸판을 뜬다(위쪽).
1째 단은 시작코에 이어서 사슬 3코를 뜨고, 시작코의 콧등을 주워서 사이에 사슬을 넣어가며 1길 긴뜨기 2코를 뜬다. 2~4째 단의 1길 긴뜨기는 앞단의 사슬을 통째로 주워서 뜬다.
3. 몸판을 뜬다(아래쪽).
시작코인 사슬에 실을 붙여서 1째 단은 시작코의 사슬 2가닥을 주워서 뜨기 시작한다. 1~4째 단까지의 뜨는 방법은 위쪽과 똑같다.

뜨는 순서
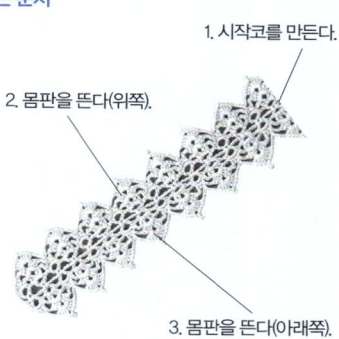
1. 시작코를 만든다.
2. 몸판을 뜬다(위쪽).
3. 몸판을 뜬다(아래쪽).

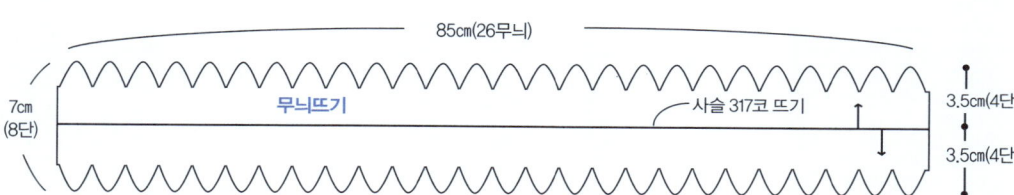

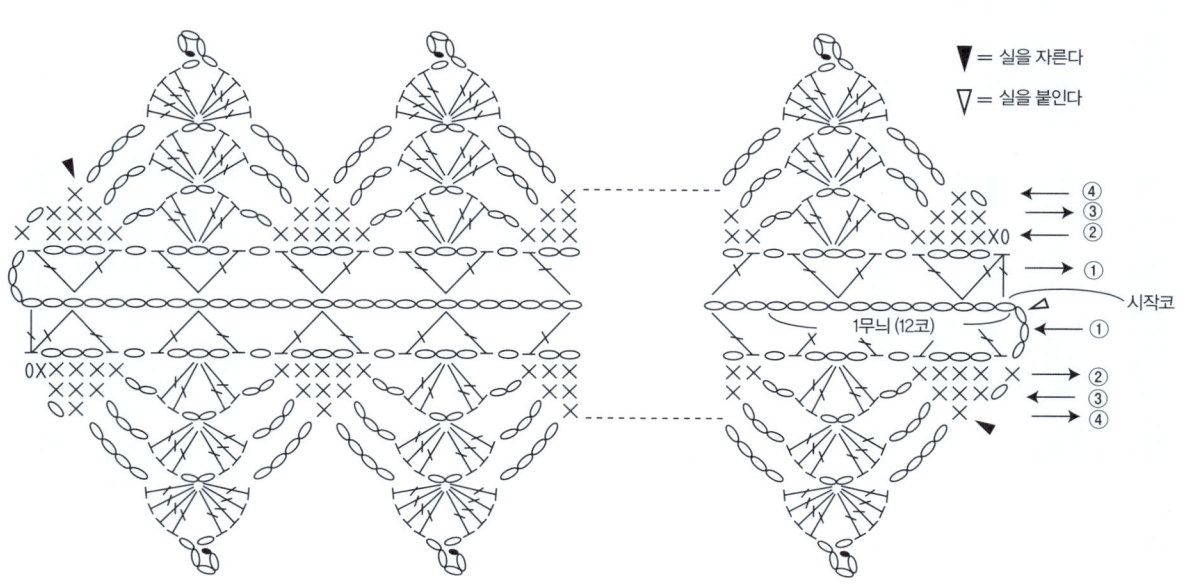

▼ = 실을 자른다
▽ = 실을 붙인다

티슈 케이스 커버

완성 사진은 p.10에 있습니다.

재료
올림퍼스 에미그란데 〈허브〉
273 초록색 ·43g
732 아이보리색 ·6g
1.3cm 네모진 단추 ·2개

바늘
뜨개바늘 2/0호

완성 크기
35cm×26cm(세로 11.5×가로 24× 높이 5cm의 화장지)

뜨는 방법

1. 시작코를 만든다.
사슬뜨기를 101코 떠서 시작코를 만든다.

2. 몸판을 뜬다(위쪽).
1째 단은 시작코에 이어서 사슬을 5코 뜨고, 시작코의 사슬 반 코와 콧등을 주워서 짧은뜨기, 사슬뜨기, 1길 긴뜨기를 떠나간다. 2째 단은 앞단의 사슬뜨기를 통째로 주워서 사슬 3코의 그물뜨기를 뜬다. 3째 단 이후에는 이를 반복하고, 35째 단까지 뜨고서 실을 자른다.

3. 몸판을 뜬다(아래쪽).
시작코에 실을 붙여서 반대 방향으로 그물뜨기를 뜬다. 2째 단 이후에는 무늬뜨기를 반복한다.

4. 가장자리를 뜬다.
몸판(위쪽) 마지막 단의 기둥코 사슬에 실을 붙여서 사슬뜨기와 짧은뜨기를 뜨고, 이어서 사슬 3코의 그물뜨기를 뜬다. 짧은뜨기는 코에서나 단에서나 통째로 주워서 뜬다. 1째 단의 끝코는 첫코의 짧은뜨기와 그물뜨기의 사슬 1코에 빼뜨기한다. 2째 단도 같은 방향으로 뜨고, 마지막에는 앞단 끝코에 빼뜨기한다.

5. 마무리하기.
단추를 꿰매어 단다.

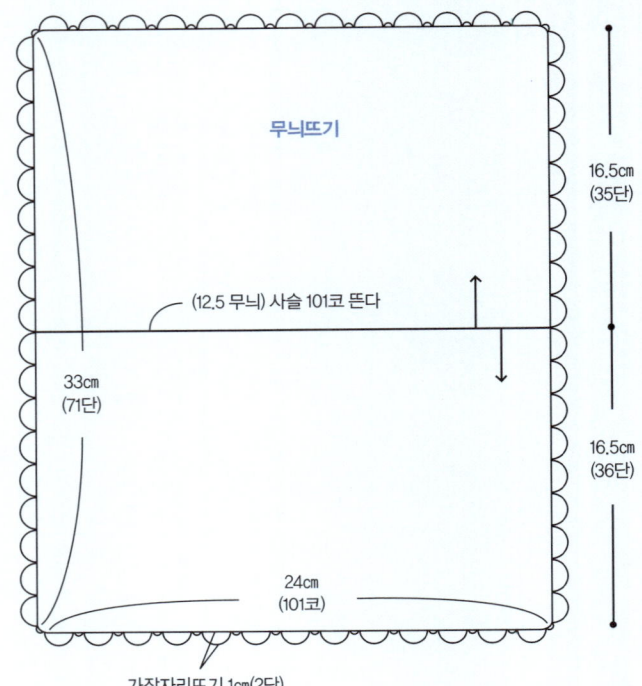

무늬뜨기

16.5cm (35단)

(12.5 무늬) 사슬 101코 뜬다

33cm (71단)

16.5cm (36단)

24cm (101코)

가장자리뜨기 1cm(2단)

뜨는 순서

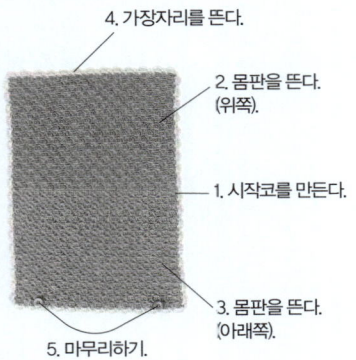

4. 가장자리를 뜬다.
2. 몸판을 뜬다. (위쪽).
1. 시작코를 만든다.
3. 몸판을 뜬다. (아래쪽).
5. 마무리하기.

마무리하기

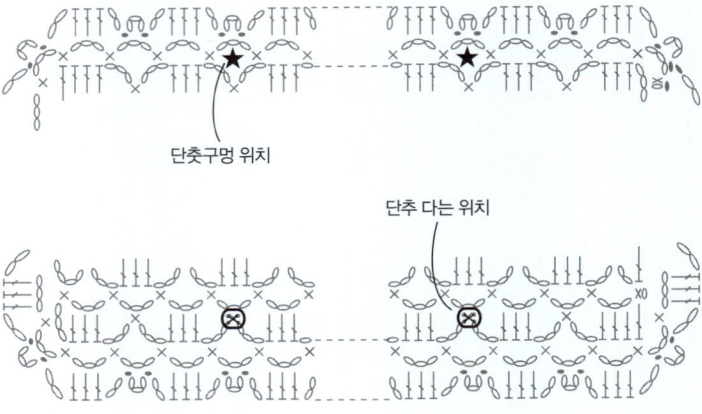

단춧구멍 위치

단추 다는 위치

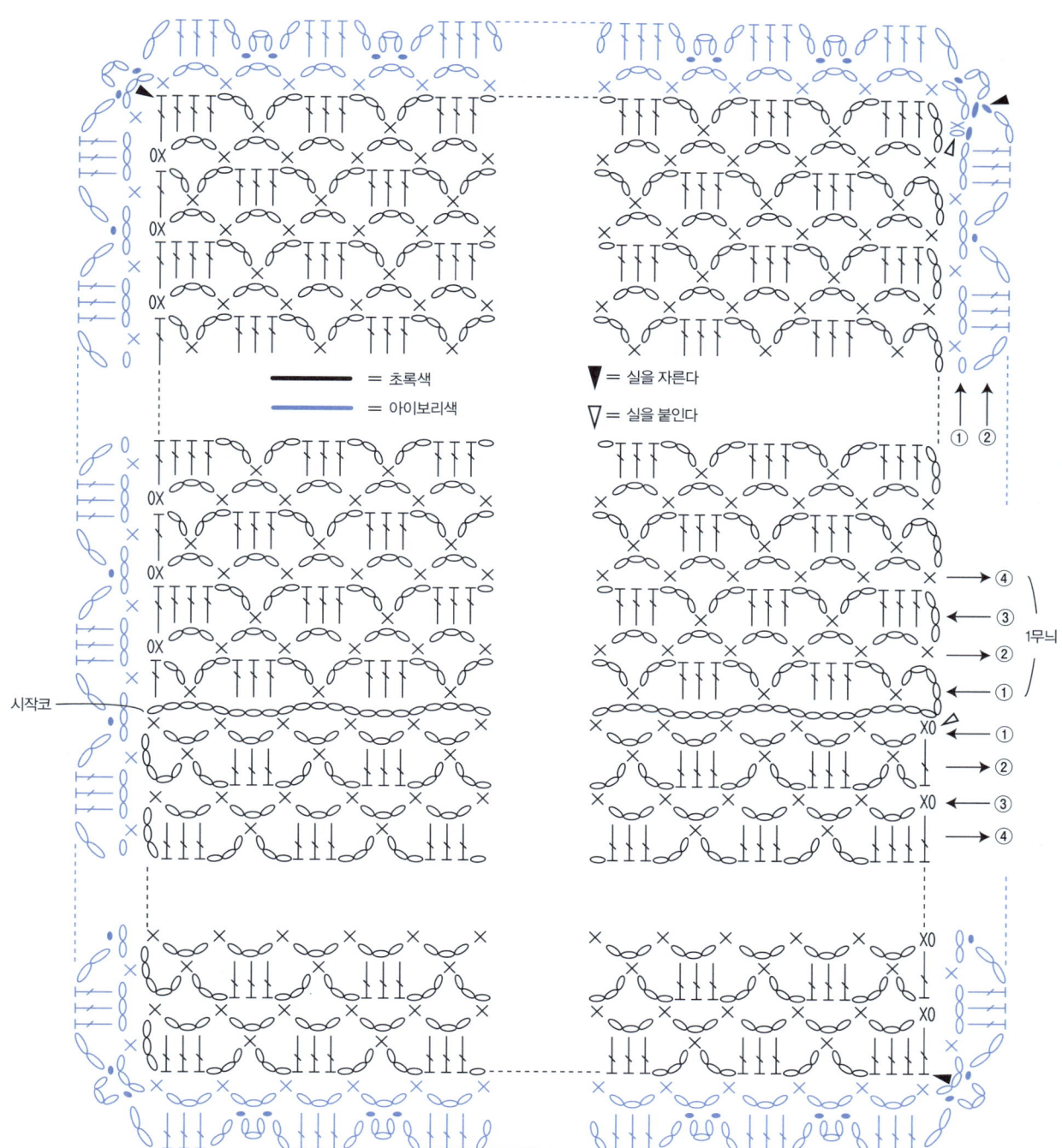

병 커버

완성 사진은 p.11에 있습니다.

재료

*초록색 작품
올림퍼스 에미그란데 〈허브〉
732 아이보리색 · 8g
273 초록색 · 6g
1.8cm 네모진 단추 · 1개

*하늘색 작품
올림퍼스 에미그란데 〈허브〉
341 하늘색 · 8g
814 연한 갈색 · 6g
1.5cm 네모진 단추 · 1개

*주황색 작품
올림퍼스 에미그란데 〈허브〉
732 아이보리색 · 9g
171 주황색 · 5g
1.1cm 둥근 단추 · 3개

바늘
뜨개바늘 2/0호

완성 크기
바닥 지름 5.5cm×높이 6.2cm

뜨는 방법

1. 원형 코를 만든다.
원형 코를 만들어 사슬 1코로 기둥을 올리고, 짧은뜨기를 10코 뜬다.

2. 바닥을 뜬다.
바닥의 2~3째 단은 앞단의 1코에 1길 긴뜨기 2코를 떠서 콧수를 늘려나간다. 4~5째 단도 도안과 같이 코를 늘려 바닥을 넓힌다. 5째 단까지 뜨고 스팀 다리미로 모양을 정리한다.

3. 측면을 뜬다.
바닥에 이어 계속해서 측면을 뜬다. 코는 늘이지 않고, 첫 2단은 1길 긴뜨기로 뜨고, 배색표를 참조로 실을 바꿔가며 15단까지 뜬다.

4. 마무리하기.
배색한 실로 단추를 단다.

*배색 실로 바꾸는 방법(주황색 작품의 경우)

1 측면 2째 단의 마지막 1길 긴뜨기에서 3개의 고리에 바늘을 빼낼 때 그 바늘 끝에 배색할 실을 걸어 빼낸다.

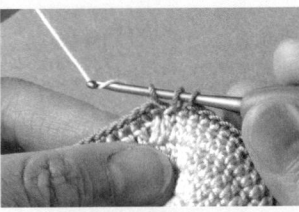

4 마지막 짧은뜨기에서 일단 실을 앞쪽으로 빼낸 다음 잠시 놔두었던 본래의 실을 바늘에 걸어 빼낸다.

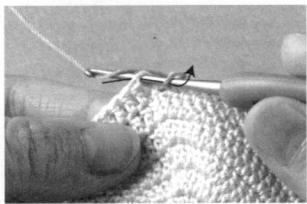

2 이어서 빼뜨기를 할 때 기둥코의 사슬에 바늘을 넣어 배색 실을 걸어 빼낸다.

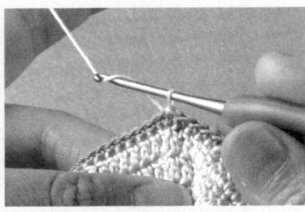

5 본래의 실로 기둥을 올리고, 1길 긴뜨기로 한 바퀴 돈다.

3 사슬 1코로 기둥을 올리고 짧은뜨기를 1코씩 뜬다.

6 본래의 실과 배색 실 모두 사진과 같이 안쪽으로 넣어가며 뜬다.

뜨는 순서

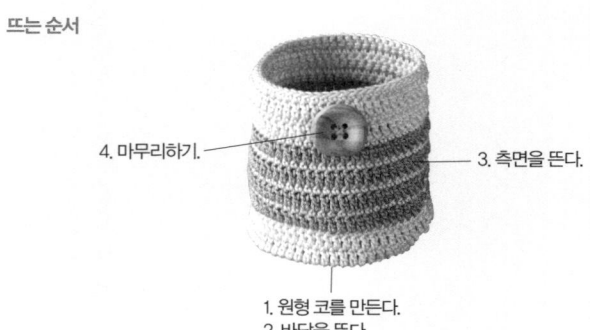

4. 마무리하기.
3. 측면을 뜬다.
1. 원형 코를 만든다.
2. 바닥을 뜬다.

▼ = 실을 붙인다

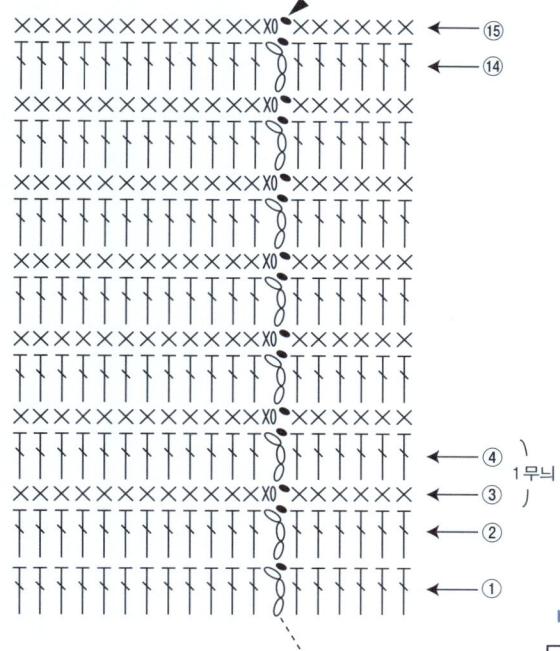

초록색 작품의 배색

단	실의 색
11~15단	아이보리색
5~10단	짧은뜨기는 아이보리색, 1길 긴뜨기는 초록색
4단	초록색
바닥, 1길 긴뜨기 2단, 짧은뜨기 1단	아이보리색

하늘색 작품의 배색

단	실의 색
15단	연한 갈색
12~14단	하늘색
11단	연한 갈색
8~10단	하늘색
7단	연한 갈색
4~6단	하늘색
바닥, 1길 긴뜨기 2단, 짧은뜨기 1단	연한 갈색

바닥의 콧수와 코 늘리기

단	콧수	코 늘리기
5단	60코	(+10코)
4단	50코	(+10코)
3단	40코	(+20코)
2단	20코	(+10코)
1단	10코	

주황색 작품의 배색

단	실의 색
5~15단	짧은뜨기는 주황색, 1길 긴뜨기는 아이보리색
4단	아이보리색
3단	주황색
바닥, 1길 긴뜨기 2단	아이보리색

마무리하기

초록색
1.8cm 네모 단추를
초록색 실로 단다.

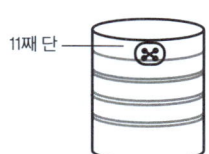

주황색
1.1cm 둥근 단추를
아이보리색 실로 단다.

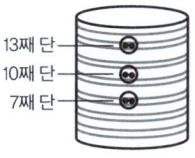

하늘색
1.5cm 네모 단추를
하늘색 실로 단다.

병 장식 레이스

완성 사진은 p.21에 있습니다.

재료
*초록색 작품
올림퍼스 에미그란데 〈허브〉
273 초록색 ·15g
*하늘색 작품
341 하늘색 ·15g

바늘
레이스 바늘 0호

완성 크기
약 8cm×32cm

뜨는 방법

1. **시작코를 만든다.**
   사슬뜨기로 22코를 떠서 시작코를 만든다.
2. **몸판을 뜬다.**
   시작코에 이어서 사슬 3코를 기둥으로 올리고, 1길 긴뜨기와 사슬뜨기로 40단까지 뜬다. 실 끝을 길게 남기고 자른다.
3. **편물을 원형으로 잇는다.**
   길게 남긴 실로 몸판의 단과 단을 이어 원형으로 만든다.
4. **가장자리를 뜬다.**
   몸판의 위아래에 각각 1바퀴씩, 도안과 같이 가장자리를 뜬다. 짧은뜨기, 1길 긴뜨기, 2길 긴뜨기를 기둥코의 3째 사슬, 1길 긴뜨기의 머리에 뜬다. 끝코는 첫 코에 빼뜨기한다.

뜨는 순서

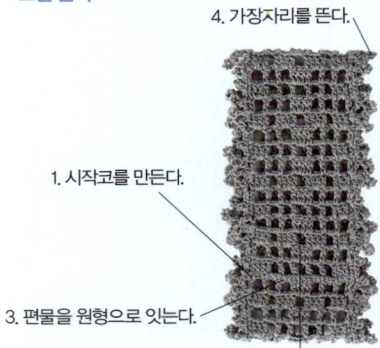

1. 시작코를 만든다.
2. 몸판을 뜬다.
3. 편물을 원형으로 잇는다.
4. 가장자리를 뜬다.

▼ = 실을 자른다
▽ = 실을 붙인다

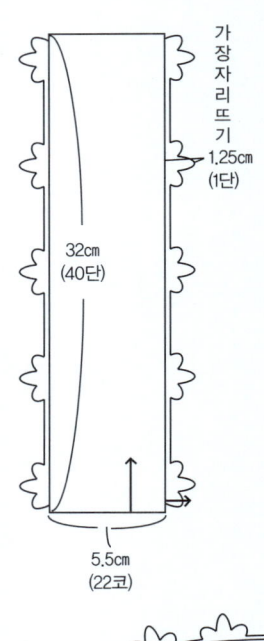

4단 1 무늬

뜨기 시작

가장자리뜨기
1.25cm (1단)
32cm (40단)
5.5cm (22코)

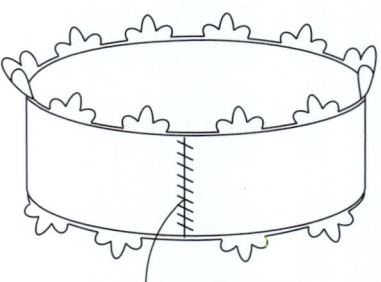

몸판의 단과 단을 감친다

아기 신발 I
완성 사진은 p.12에 있습니다.

재료
올림퍼스 에미그란데 〈허브〉
732 아이보리색 · 15g
341 하늘색 · 10g
1cm 조개단추 · 2개

바늘
레이스 바늘 0호

완성 크기
바닥 10cm×6cm, 높이 4.5cm

뜨는 방법

1. 바닥을 뜬다.
사슬뜨기를 16코 뜨고, 사슬의 위아래에 짧은뜨기와 긴뜨기로 6단을 뜬다.

2. 측면을 뜬다.
사슬뜨기를 82코 뜨고, 긴뜨기와 짧은뜨기로 1단마다 앞뒤를 바꿔가면서 원형으로 8단 뜬다.

3. 가장자리를 뜬다.
측면의 윗부분에 빼뜨기 1코, 사슬 3코, 긴뜨기 3코 구슬뜨기로 18개의 무늬를 뜬다.

4. 장식 끈을 뜬다.
원형 코를 만들어 사슬 3코와 1길 긴뜨기로 모티브를 뜨고, 사슬뜨기를 60코 뜬다. 이것을 짧은뜨기로 측면(발꿈치 중심의 가장 윗부분)에 이어준다. 다시 사슬뜨기를 60코 떠서 왼쪽의 모티브를 뜬다.

5. 마무리하기.
바닥과 측면의 뒷면끼리 맞대고, 측면을 보면서 하늘색 실로 짧은뜨기 87코를 떠서 이어준다. 측면의 발등 부분에서 8째 단에 단추를 단다.

*장식 끈 뜨는 방법
1. 실 끝으로 링을 만들어 사슬 3코, 1길 긴뜨기 1코, 사슬 3코를 뜬 후 링에서 빼낸다.
2. 3번 다 반복하고 사슬 3코, 1길 긴뜨기 2코 구슬뜨기하여 오른쪽 모티브를 완성한다.
3. 사슬 60코를 떠서 발꿈치 중심에 이어주고 다시 사슬 60코를 뜬다.
4. 사슬을 4코 뜨고, 첫 번째 사슬에 1길 긴뜨기 2코 구슬뜨기를 뜬다.
5. 사슬 3코 뜨고, 첫 번째 사슬에 1길 긴뜨기 1코를 뜬다. 사슬을 3코 뜨고, 첫 번째 사슬에서 빼낸다.
6. 사슬 3코, 1길 긴뜨기 1코, 사슬 3코를 뜨고, 2의 첫 번째 사슬에 빼낸다.
7. 6을 반복한다.

뜨는 순서

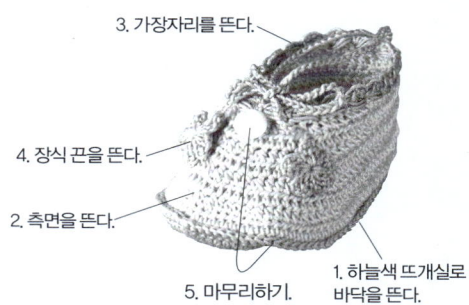

1. 하늘색 뜨개실로 바닥을 뜬다.
2. 측면을 뜬다.
3. 가장자리를 뜬다.
4. 장식 끈을 뜬다.
5. 마무리하기.

장식 끈

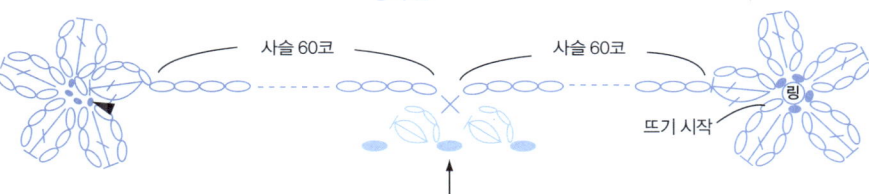

사슬 60코 / 사슬 60코 / 발꿈치 중심 / 뜨기 시작 / 링

━ = 아이보리색
━ = 하늘색
▼ = 실을 자른다
▽ = 실을 붙인다

*바닥은 아기 신발 II와 같습니다. 도안은 p.58에 있습니다.

측면(2장)

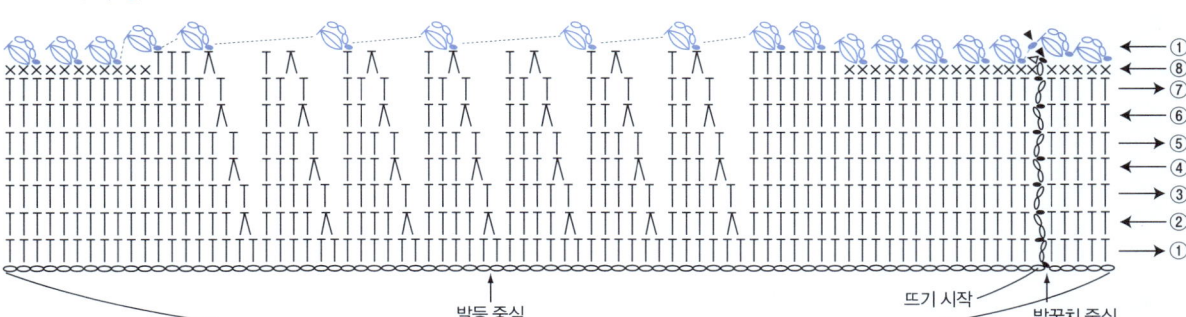

발등 중심 / 뜨기 시작 / 발꿈치 중심
사슬뜨기 82코

아기 신발 II
완성 사진은 p.13에 있습니다.

재료
올림푸스 에미그란데 <허브>
732 아이보리색 · 18g
171 주황색 · 10g
1cm의 싸개 단추 · 2개

바늘
레이스 바늘 0호

완성 크기
바닥 10cm×6cm, 높이 6.5cm

뜨는 방법

1. 바닥을 뜬다.
사슬뜨기를 16코 뜨고, 사슬의 위아래에 짧은뜨기와 긴뜨기로 6단을 뜬다.

2. 측면을 뜬다.
사슬뜨기를 82코 뜨고, 긴뜨기로 1단마다 앞뒤를 바꿔가면서 원형으로 6단 뜬다. 7~12째 단까지는 도안과 같이 코를 줄여가며 평뜨기로 뜬다.

3. 가장자리를 뜬다.
측면의 윗부분에 짧은뜨기를 1단 뜨고, 사슬 3코와 빼뜨기 1코로 가장자리를 뜬다.

4. 싸개 단추를 뜬다.
원형코를 만들어 사슬 1코로 기둥을 올리고, 짧은뜨기로 뜬다. 단추를 넣어 4째 단을 꿰매어 조인다.

5. 신발 끈을 뜬다.
사슬뜨기를 12코 뜬다. 그 위에 빼뜨기를 5코 뜨고, 다시 사슬뜨기를 6코 떠서 첫 번째 사슬에서 빼낸다. 이어서 사슬뜨기를 29코 뜬다. 사슬 1코로 기둥을 올리고, 그 위아래에 짧은뜨기를 2단 뜬다. 신발 끈의 가장자리에 주황색 실 2가닥으로 러닝스티치를 한다.

6. 마무리하기.
싸개 단추와 신발 끈을 측면에 꿰매어 단다. 바닥과 측면을 뒷면끼리 맞대고, 측면을 보면서 주황색 실로 짧은뜨기 87코를 떠서 바닥과 측면을 이어준다.

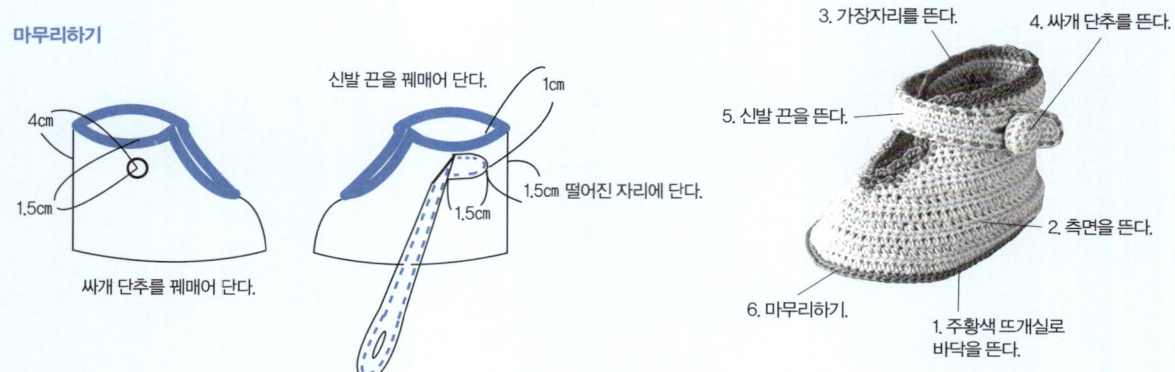

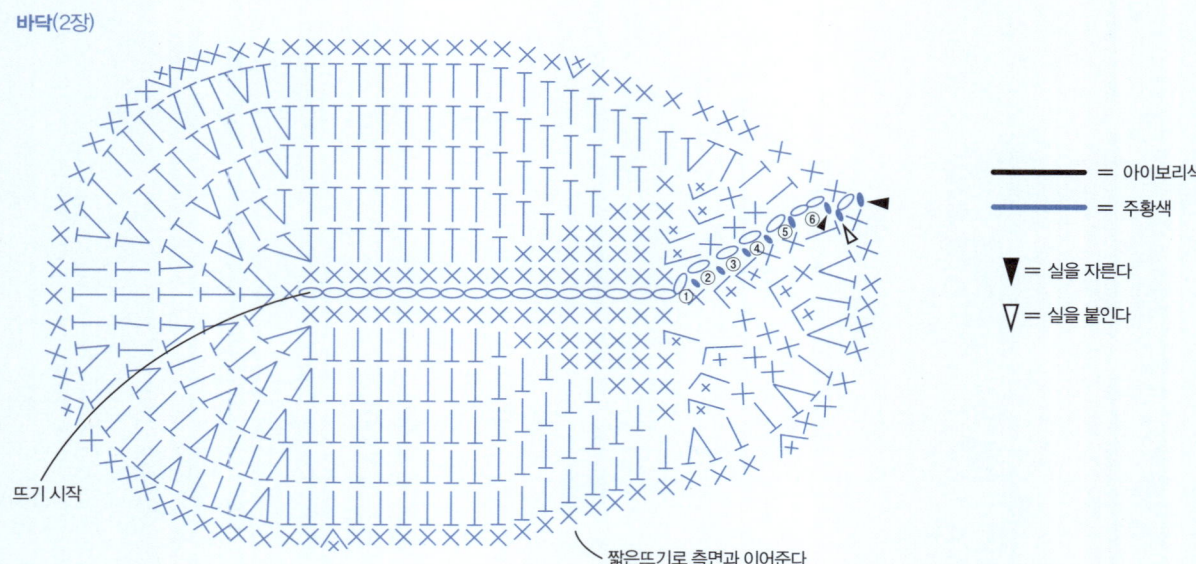

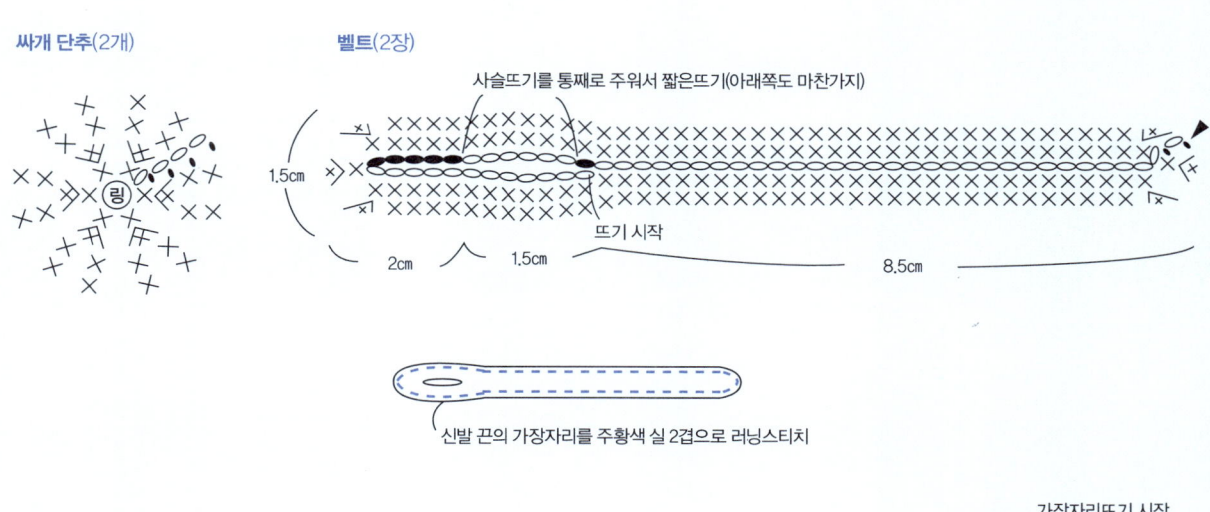

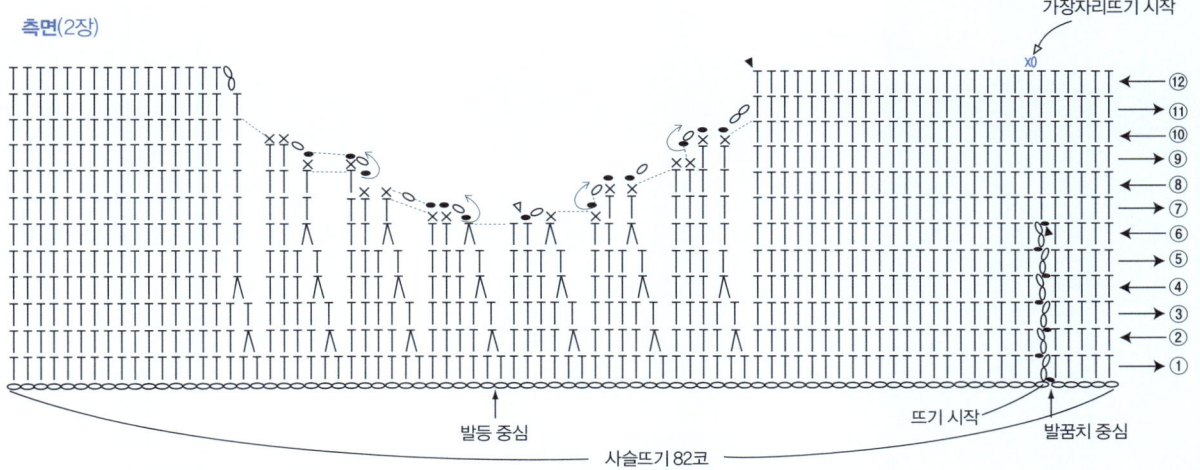

다용도 덮개
완성 사진은 p.15에 있습니다.

재료
올림퍼스 에미그란데 〈허브〉
273 초록색 · 20g
732 아이보리색 · 15g
814 연한 갈색 · 15g

바늘
뜨개바늘 2/0호

완성 크기
26cm×38.5cm

뜨는 방법
1. 시작코를 만든다.
연한 갈색 실로 사슬뜨기를 79코 떠서 시작코를 만든다.

2. 몸판을 뜬다.
시작코에 이어서 사슬 3코로 기둥을 올리고, 1길 긴뜨기로 1단을 뜬다. 2째 단은 사슬 1코로 기둥을 올리고, 짧은뜨기 1코, 사슬 3코, 1길 긴뜨기 2코 구슬뜨기 1코, 사슬 3코를 반복한다. 3째 단은 사슬 3코로 기둥을 올리고, 사슬 2코, 짧은뜨기 1코, 사슬 2코, 1길 긴뜨기 1코를 반복한다. 1~3째 단의 무늬를 배색표에서 지정한 실로 바꿔가며 61단까지 뜨고 실을 자른다.

3. 가장자리를 뜬다.
몸판의 61째 단에 초록색 실을 붙여서 사슬 1코로 기둥을 올리고, 1째 단은 짧은뜨기를 빙 둘러 뜬다. 2째 단은 그림을 참조해서 뜬다.

POINT
실은 앞단의 끝코를 뜰 때 바꾼다.

*p.40~43을 참조하세요.

뜨는 순서

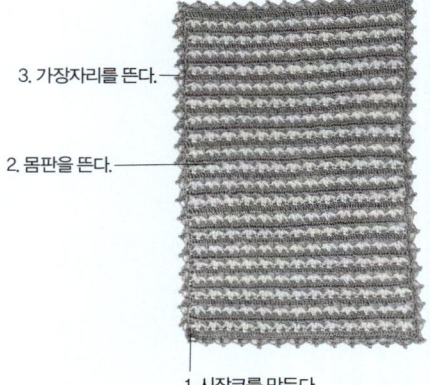

3. 가장자리를 뜬다.
2. 몸판을 뜬다.
1. 시작코를 만든다.

몸판의 배색

단	실의 색
60~61단	연한 갈색
59단	아이보리색
57~58단	초록색
56단	아이보리색
~	
12~13단	연한 갈색
11단	아이보리색
9~10단	초록색
8단	아이보리색
6~7단	연한 갈색
5단	아이보리색
3~4단	초록색
2단	아이보리색
1단	연한 갈색

10회 반복

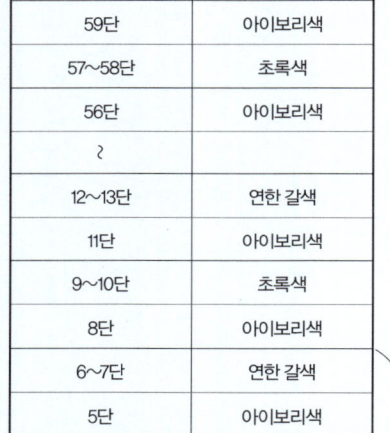

가장자리뜨기 1.5cm (2단)

가장자리뜨기의 짧은뜨기 (117코)

35.5cm (61단)

무늬뜨기

26cm (79코)

가장자리뜨기의 짧은뜨기 (75코)

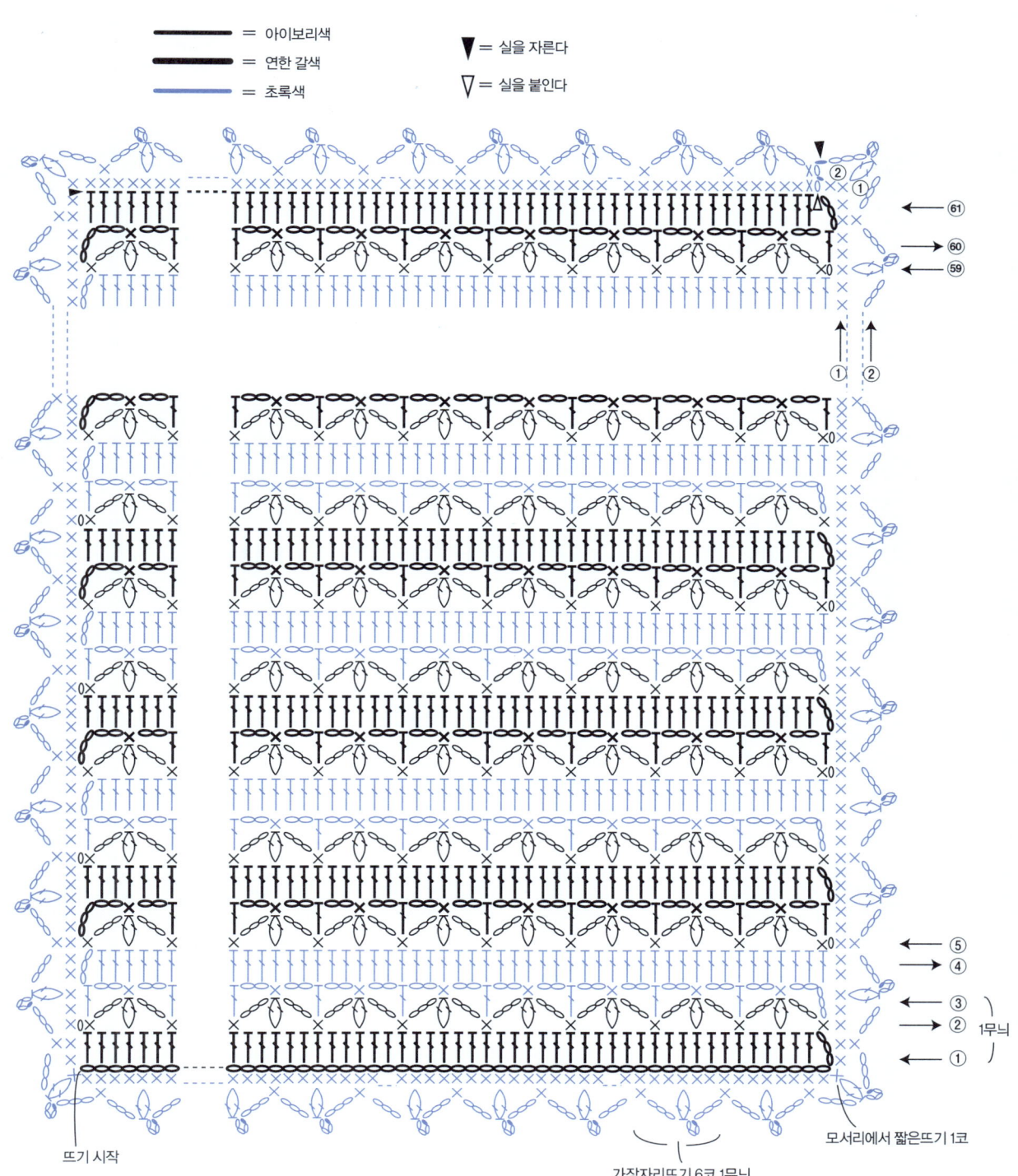

작은 바구니
완성 사진은 p.17에 있습니다.

재료
올림퍼스 에미그란데 〈허브〉
582 노란색 · 20g
7mm 나무 비즈 · 4개

바늘
뜨개바늘 2/0호

완성 크기
바닥 지름 14cm
측면 높이 2.5cm

뜨는 방법
1. **원형 코를 만든다.**
원형 코를 만들어 사슬 1코로 기둥을 올리고, 원형 코에 짧은뜨기를 8코 뜬다.
2. **바닥을 뜬다.**
코를 늘려가면서 1길 긴뜨기로 12단까지 뜬다. 편물의 뒷면이 바구니의 안쪽 바닥으로 와야 한다.
3. **측면을 뜬다.**
사슬 3코로 기둥을 올리고, 1째 단은 바닥의 12째 단 바깥쪽 반 코를 주워가며 뜬다. 2~4째 단은 도안과 같이 원형으로 뜬다. 5째 단은 빽 짧은뜨기와 사슬뜨기로 뜨고, 마지막에는 기둥코의 사슬에서 빼낸다.
4. **손잡이를 뜬다.**
실을 약 20cm 남겨서 사슬을 25코 뜨고, 1째 단은 짧은뜨기를 한다. 2째 단의 짧은뜨기는 1코 건너서 시작코에 바늘을 넣어 1째 단을 감싸듯이 뜬다. 다 뜨고서 실을 약 20cm 남긴다.
5. **마무리하기.**
손잡이의 처음과 끝에 남긴 실로 측면의 3째 단에 손잡이를 꿰매어 달고, 그 위에 비즈를 단다. 반대쪽도 마찬가지로 단다.

바닥의 콧수와 코 늘리기

단	콧수	코 늘리기
12단	160코	(+16코)
11단	144코	(+16코)
10단	128코	(+16코)
9단	112코	(+16코)
8단	96코	(+16코)
7단	80코	(+8코)
6단	72코	(+8코)
5단	64코	(+16코)
4단	48코	(+16코)
3단	32코	(+16코)
2단	16코	(+8코)
1단	8코	

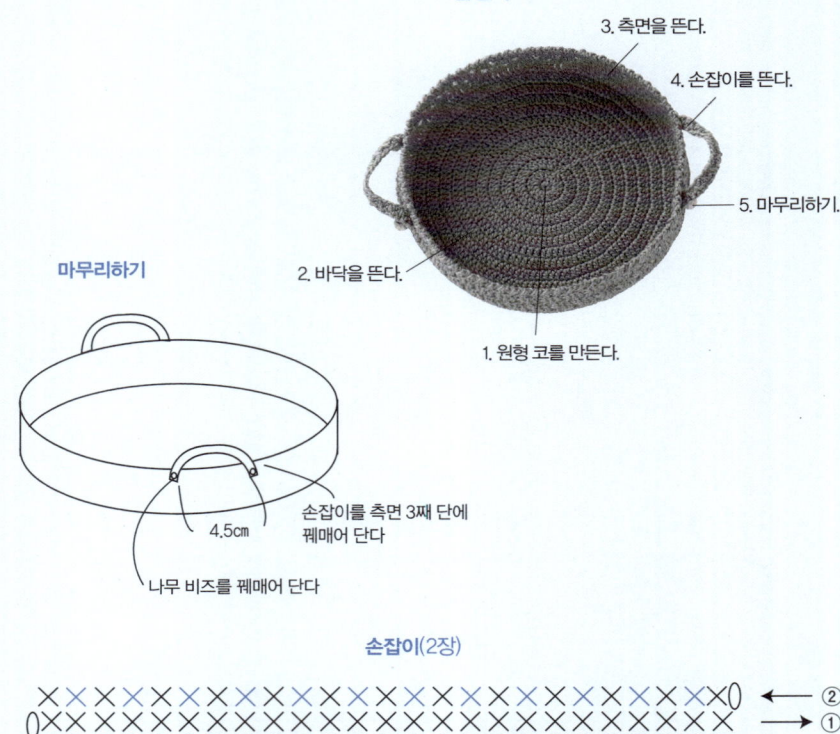

뜨는 순서
1. 원형 코를 만든다.
2. 바닥을 뜬다.
3. 측면을 뜬다.
4. 손잡이를 뜬다.
5. 마무리하기.

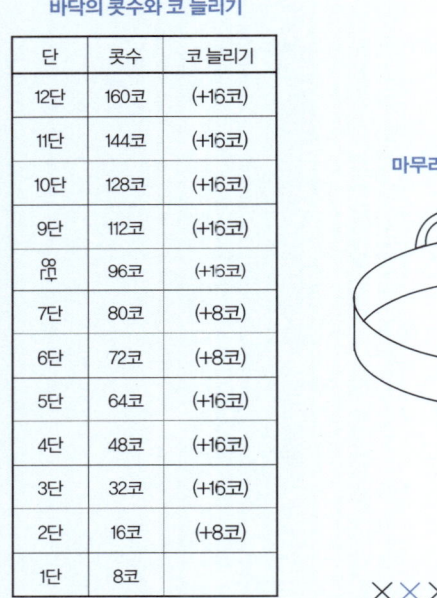

마무리하기
4.5cm
손잡이를 측면 3째 단에 꿰매어 단다
나무 비즈를 꿰매어 단다

손잡이(2장)

× = 시작코의 사슬에 뜬다

측면

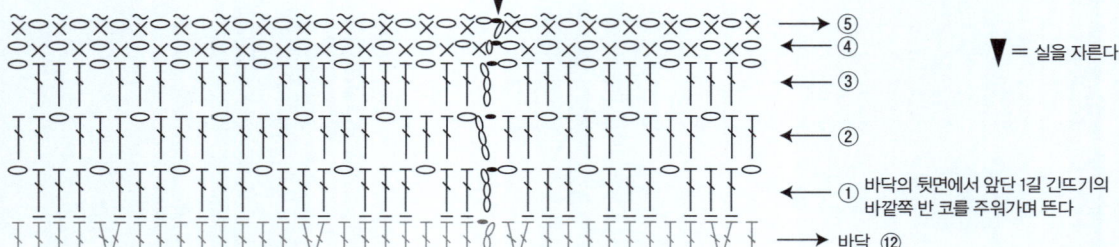

▼ = 실을 자른다

① 바닥의 뒷면에서 앞단 1길 긴뜨기의 바깥쪽 반 코를 주워가며 뜬다
바닥 ⑫

바닥

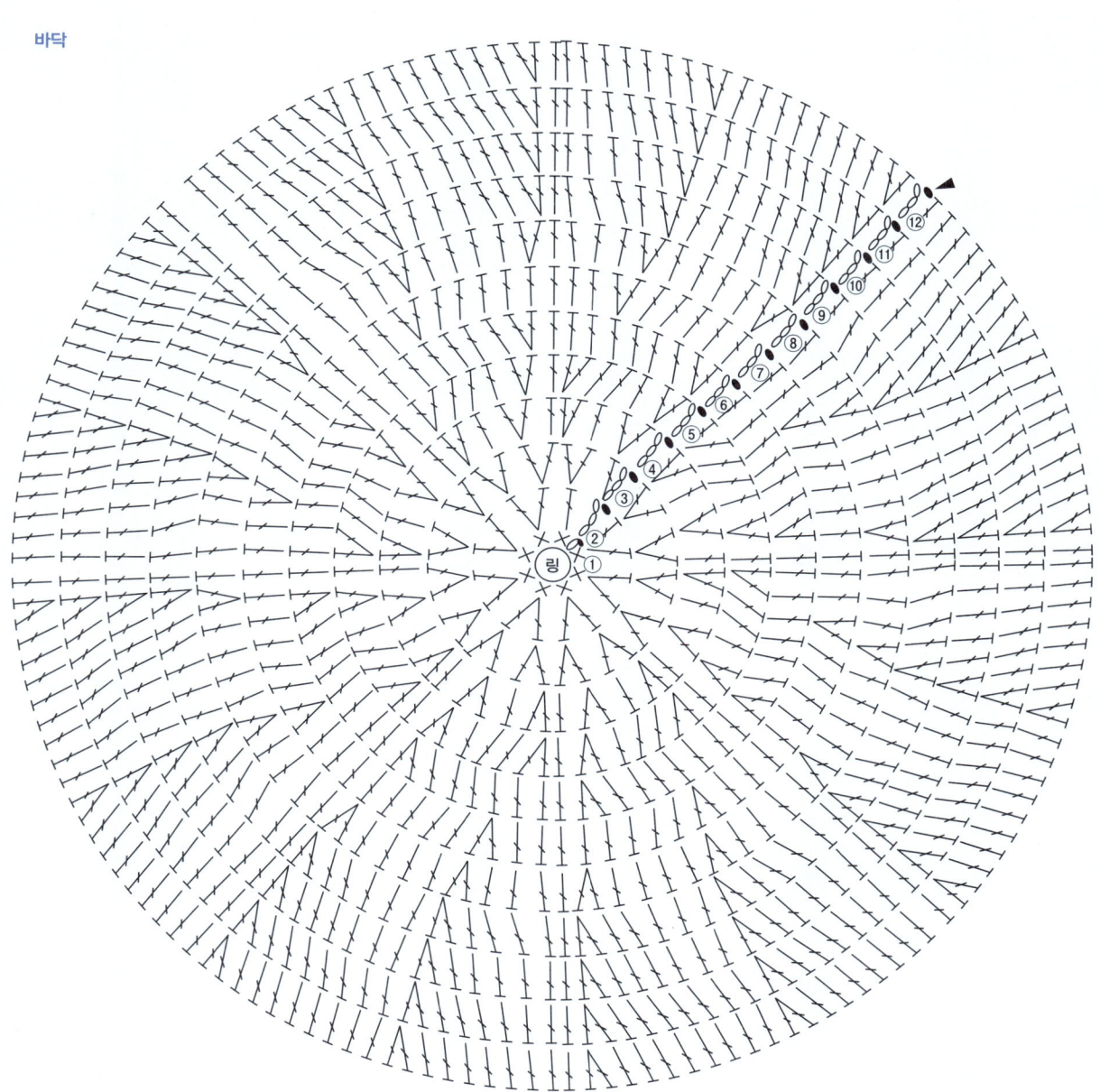

가위집

완성 사진은 p.18에 있습니다.

재료
올림퍼스 에미그란데 〈허브〉
814 연한 갈색 · 5g
펠트 · 14cm×20cm

바늘
레이스 바늘 0호

완성 크기
12cm×7cm

뜨는 방법

1. 모티브를 뜬다.
원형 코를 만들어 사슬 3코로 기둥을 올리고, 사슬과 1길 긴뜨기를 뜬다. 2째 단부터는 삼각형으로 넓혀나간다. 5째 단에 피코뜨기를 뜨고, 마지막에는 기둥코의 사슬에서 빼낸다.

2. 펠트를 준비한다.
펠트를 앞뒤 본대로 잘라서 송곳으로 구멍을 뚫어 놓는다.

3. 가장자리를 뜬다.
펠트(앞)의 윗부분에 가장자리뜨기를 뜬다. 펠트 뒷면끼리 맞대고, 2장을 같이 가장자리뜨기로 잇는다.

4. 마무리하기.
펠트 윗부분의 가장자리뜨기에 모티브를 꿰매어 단다.

모티브

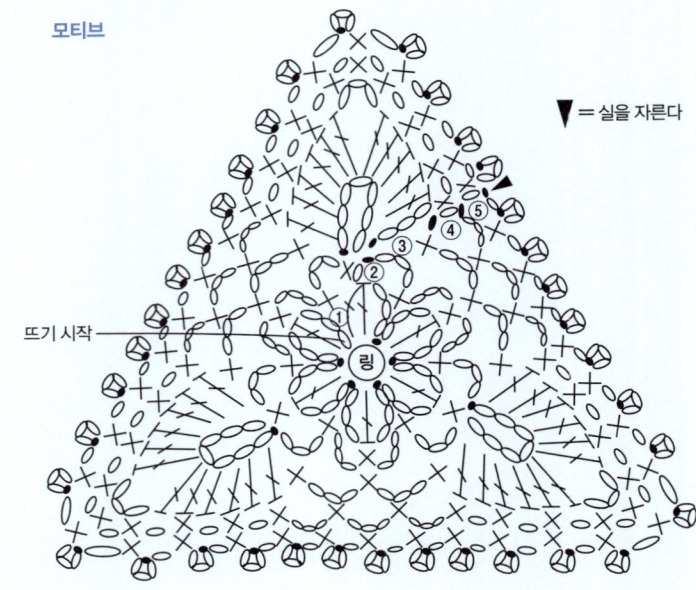

▼ = 실을 자른다

뜨기 시작

뜨는 순서

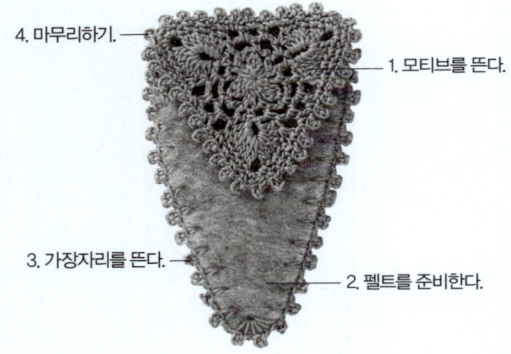

4. 마무리하기.
1. 모티브를 뜬다.
3. 가장자리를 뜬다.
2. 펠트를 준비한다.

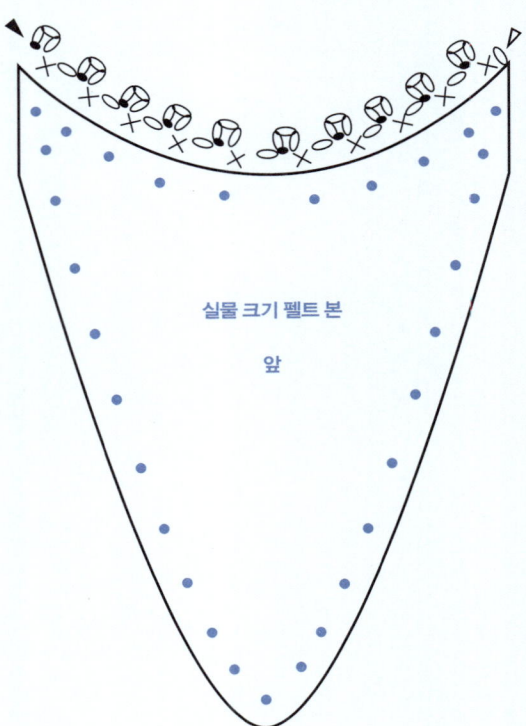

실물 크기 펠트 본

앞

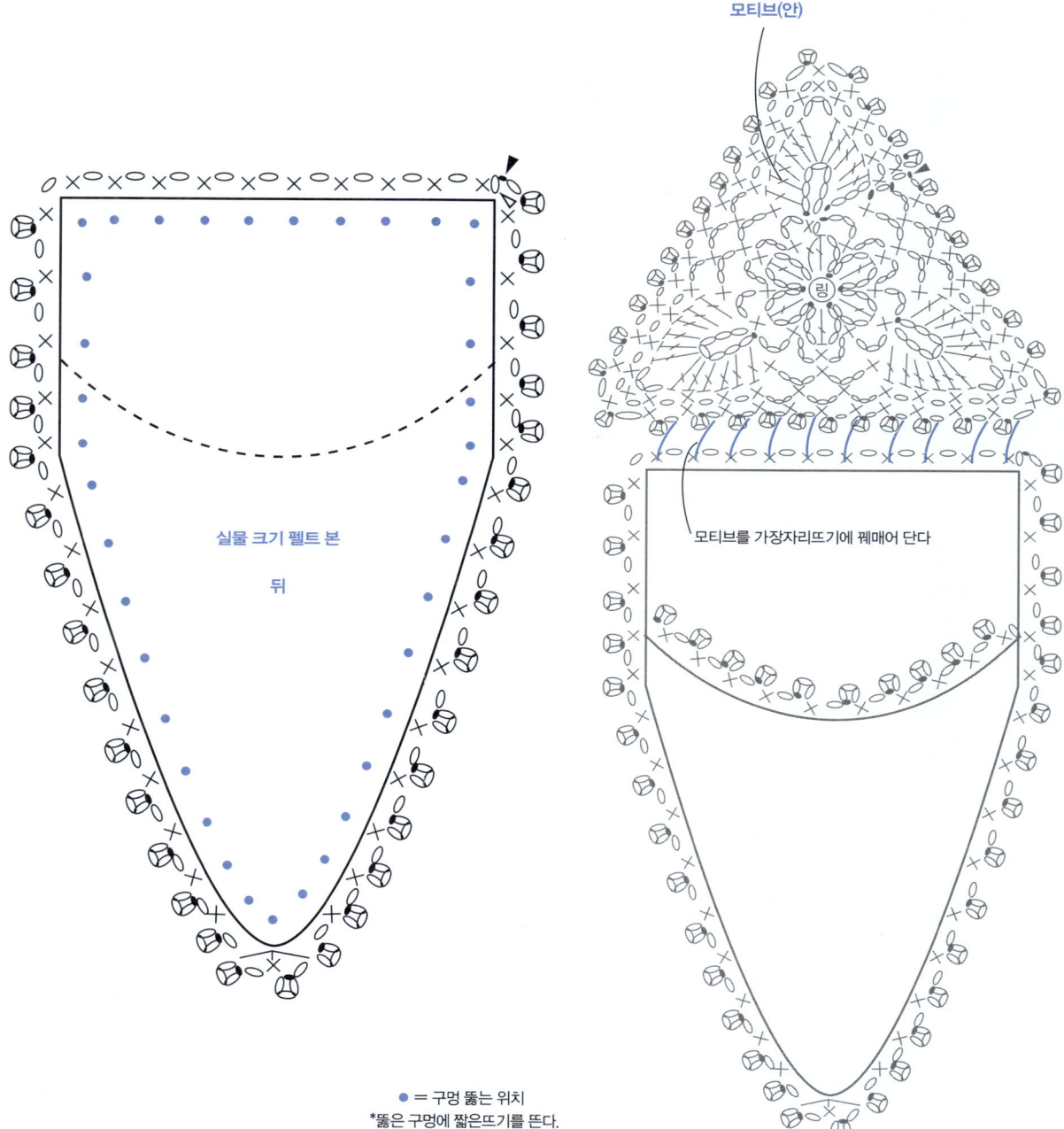

● = 구멍 뚫는 위치
*뚫은 구멍에 짧은뜨기를 뜬다.

코바늘집

완성 사진은 p.19에 있습니다.

재료
올림퍼스 에미그란데 〈허브〉
171 주황색·30g
키친 클로스·25.5cm×25.5cm
지름 1cm의 비즈·2개

바늘
레이스 바늘 0호

완성 크기
16cm×27.5cm

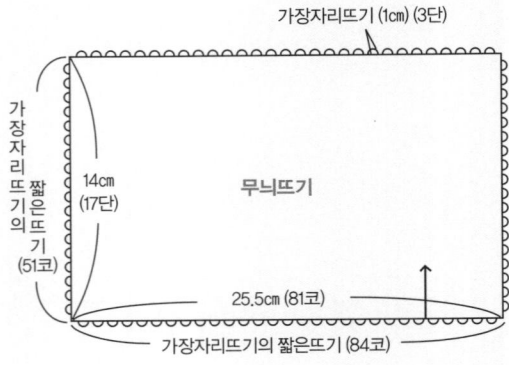

뜨는 방법

1. 시작코를 만든다.
사슬뜨기로 81코를 뜬다.

2. 몸판을 뜬다.
시작코에 이어서 사슬 3코로 기둥을 올리고, 사슬뜨기와 1길 긴뜨기로 17단을 뜬다.

3. 가장자리를 뜬다.
몸판에 이어서 가장자리에 짧은뜨기를 뜨고, 2째 단은 사슬과 짧은뜨기를 뜬다. 3째 단의 짧은뜨기는 앞단의 사슬을 통째로 주워서 뜬다.

4. 끈을 뜬다.
실을 2가닥으로 하여 사슬뜨기를 250코 뜨고, 양쪽 끝에 각각 비즈를 꿰어 묶는다.

5. 안주머니를 뜬다.
키친 클로스를 도안과 같이 접고, 재봉틀로 박아 준다(작품에서는 시판되는 키친 클로스를 사용했습니다. 직접 만든다면 가장자리를 오버로크 처리하세요.)

6. 마무리하기.
몸판의 왼쪽 단 중앙(8째 단과 10째 단)에 끈을 꿰어 바느질로 고정한다. 몸판의 안쪽에 안감을 얹고 재봉 실로 감침질(또는 공그르기)을 한다.

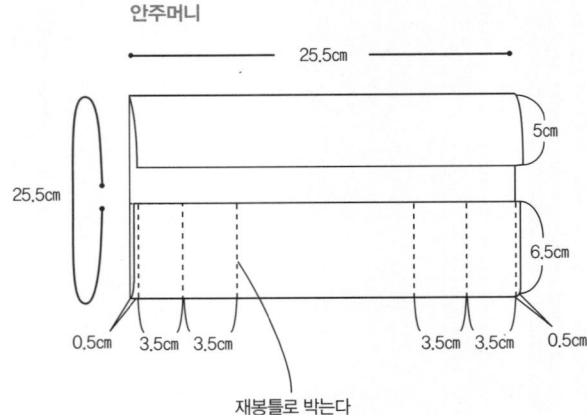

뜨는 순서

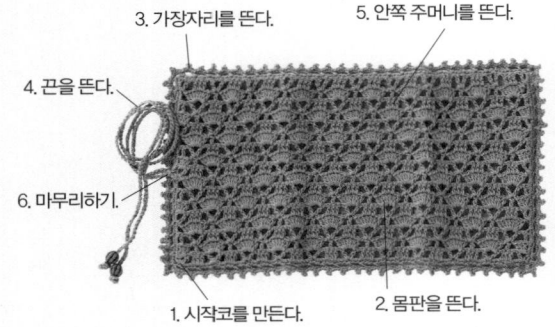

마무리하기

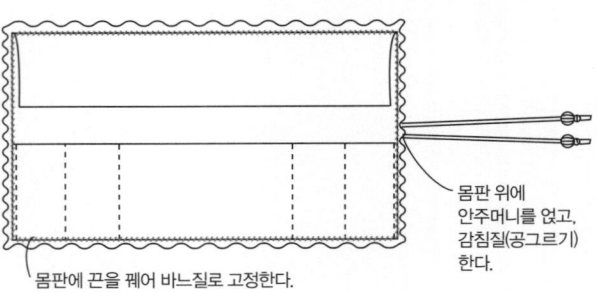

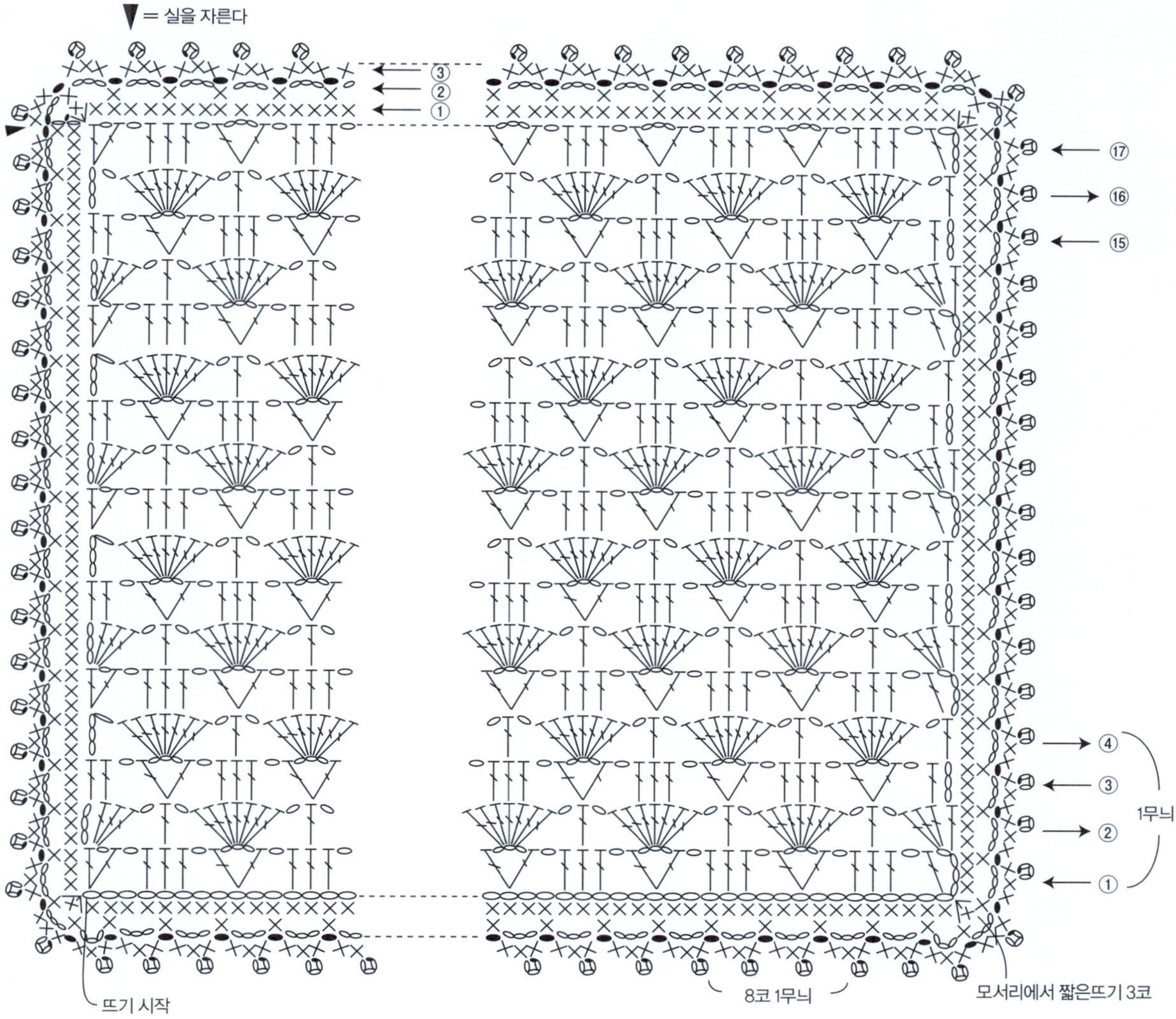

▼ = 실을 자른다

→ ③
← ②
← ①

→ ⑰
→ ⑯
← ⑮

→ ④
← ③ ⎫
→ ② ⎬ 1무늬
← ① ⎭

뜨기 시작   8코 1무늬   모서리에서 짧은뜨기 3코

끈(2가닥)

85cm (250코)

끈을 모아서 몸판에 꿰매어 고정한다

끈 꿰는 위치

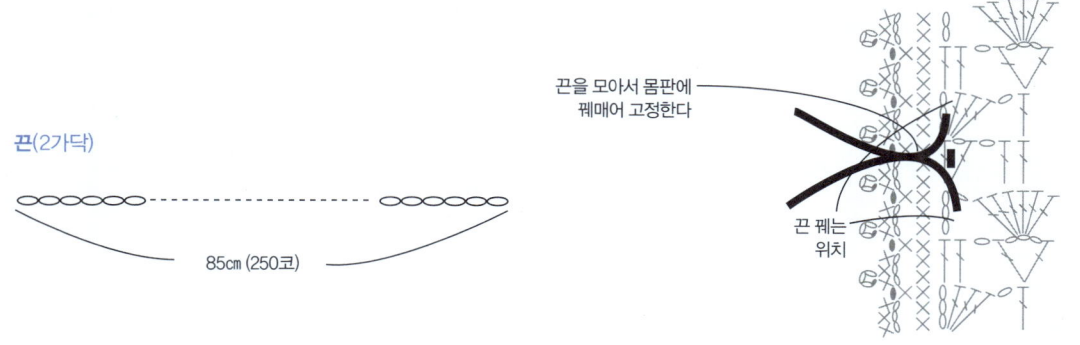

테두리 장식 레이스
완성 사진은 p.20에 있습니다.

재료
올림퍼스 에미그란데 〈허브〉
732 아이보리색 · 29g
식탁용 매트 · 45.5cm×32.5cm

바늘
뜨개바늘 2/0호, 재봉 바늘

완성 크기
폭 4cm

뜨는 방법
1. 시작코를 만든다.
사슬뜨기를 542코 떠서 시작코를 만들고, 첫코의 사슬에 빼뜨기한다.
2. 몸판을 뜬다.
1째 단은 사슬 3코로 기둥을 올리고, 사슬 2코와 시작코의 콧등을 주워서 1길 긴뜨기를 뜬다. 2째 단은 1길 긴뜨기 4코 모아뜨기와 1길 긴뜨기 2번(모서리는 3번) 1코에서 뜨기를 뜬다. 3~4단의 1길 긴뜨기는 앞단의 사슬을 통째로 주워서 뜬다. 사슬과 짧은뜨기로 5째 단을 뜬다.
3. 마무리하기.
천 위에 편물을 올려놓고 재봉 실로 감친다.

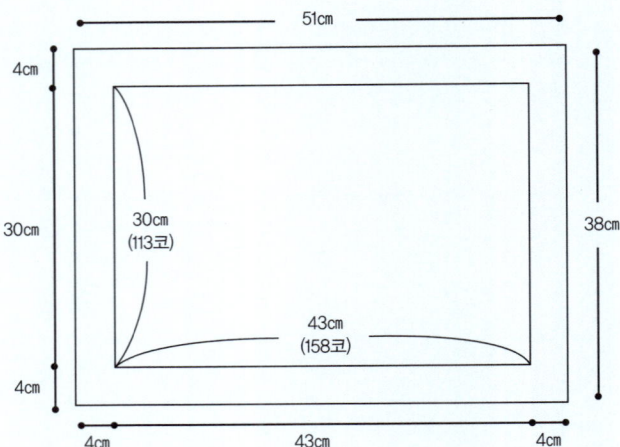

뜨는 순서

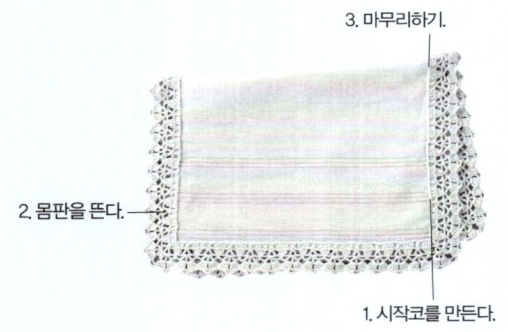

3. 마무리하기.
2. 몸판을 뜬다.
1. 시작코를 만든다.

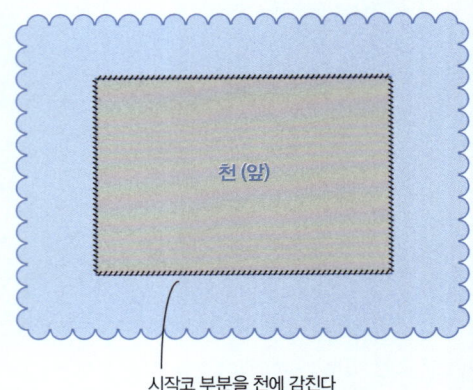

시작코 부분을 천에 감친다

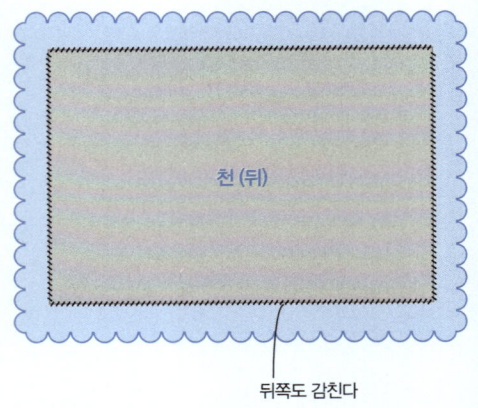

뒤쪽도 감친다

▼ = 실을 자른다

코르사주
완성 사진은 p.23에 있습니다.

재료
올림퍼스 에미그란데 〈허브〉
732 아이보리색·10g
341 하늘색·5g
지름 0.5cm의 나무 비즈·9개
지름 2.4cm의 플라스틱 심·1개
폭 2.5cm의 브로치 핀·1개
바늘
레이스 바늘 0호
완성 크기
지름 약 9cm

뜨는 방법

1. 꽃잎을 뜬다.
원형 코를 만들어 사슬 1코를 기둥으로 올리고, 원형 코에 짧은뜨기를 6코 뜬다. 도안과 같이 코를 늘리면서 짧은뜨기로 3단을 뜨고, 4째 단에서 꽃잎을 18장 뜬다. 하늘색 실로 꽃잎의 둘레에 짧은뜨기를 뜬다.

2. 꽃술을 뜬다.
원형 코를 만들어 사슬 3코를 기둥으로 올리고, 원형 코에 1길 긴뜨기를 17코 뜬다. 2째 단은 사슬 1코로 세우고, 짧은뜨기를 18코 뜬다.

3. 마무리하기.
꽃잎의 중앙에 플라스틱 심을 놓고, 그 위에 꽃술을 놓고서 감침질한다. 다림질로 모양을 정리하고 뒷면에 브로치 핀을 꿰매어 단다. 꽃술의 가장자리에 나무 비즈를 달아 준다.

꽃잎

= 아이보리색
= 하늘색
▼ = 실을 자른다
▽ = 실을 붙인다

*4째 단을 뜨는 방법
1. 짧은뜨기를 1코 뜨고, 사슬뜨기를 15코 뜬다.
2. 사슬 3코로 기둥을 올리고, 사슬 위에 1길 긴뜨기 13코, 긴뜨기 1코, 짧은뜨기 1코를 뜬다.
3. 3째 단의 다음 코에 짧은뜨기를 1코 뜨고, 마찬가지로 반복한다.

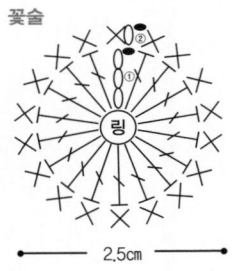

꽃술
2.5cm

뜨는 순서

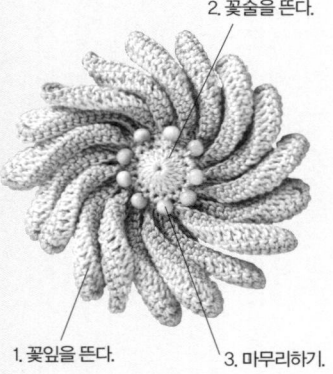

1. 꽃잎을 뜬다.
2. 꽃술을 뜬다.
3. 마무리하기.

꽃잎의 가장자리

마무리하기
나무 비즈
꽃술
플라스틱 심
꽃잎
브로치 핀

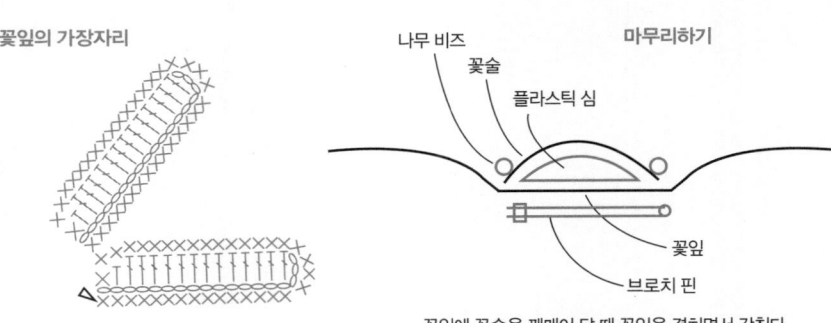

꽃잎에 꽃술을 꿰매어 달 때 꽃잎을 겹치면서 감친다.

동전 지갑
완성 사진은 p.25에 있습니다.

재료
올림퍼스 에미그란데 〈허브〉
171 주황색 ·10g
341 하늘색 ·2g
프레임 ·1개
(구멍 26, 폭 7.5cm×높이 4cm)

바늘
레이스 바늘 0호

완성 크기
폭 10cm×높이 6cm
(똑딱 부분 제외)

뜨는 방법

1. 원형 코를 만든다.
원형 코를 만들어 사슬 1코로 기둥을 올리고, 원형 코에 짧은뜨기를 6코 뜬다.

2. 몸판을 뜬다.
단마다 6코씩 늘려가면서 14째 단까지 바닥을 뜬다. 15~25째 단까지는 코를 늘리지 않고 단마다 84코를 뜬다.

3. 잎사귀 모티브를 뜬다.
p.73의 도안을 참조로 뜬다.

4. 마무리하기.
몸판을 프레임에 꿰매어 달고, 양쪽에 남은 4코를 꿰매어 봉합한다. p.73 참조.

뜨는 순서

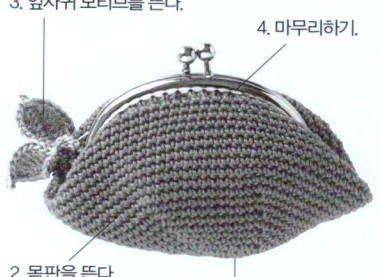

1. 원형 코를 만든다.
2. 몸판을 뜬다.
3. 잎사귀 모티브를 뜬다.
4. 마무리하기.

몸판

― = 주황색
▼ = 실을 자른다

15~25단은 코 늘리기
1단=84코

바닥의 콧수와 코 늘리기

단	콧수	코 늘리기
14단	84코	(+6코)
13단	78코	(+6코)
12단	72코	(+6코)
11단	66코	(+6코)
10단	60코	(+6코)
9단	54코	(+6코)
8단	48코	(+6코)
7단	42코	(+6코)
6단	36코	(+6코)
5단	30코	(+6코)
4단	24코	(+6코)
3단	18코	(+6코)
2단	12코	(+6코)
1단	6코	

코르사주
완성 사진은 p.23에 있습니다.

재료
올림퍼스 에미그란데 〈허브〉
777 갈색·10g
814 연한 갈색·6g
0.5cm의 나무 비즈·12개
폭 2.5cm의 브로치 핀·1개
바늘
레이스 바늘 0호
완성 크기
약 세로 8.5cm×가로 8.5cm

뜨는 방법

1. 작은 꽃잎을 뜬다.
사슬뜨기를 8코 뜨고서 첫코로 빼내어 원형 코를 만들고, 1째 단은 그 원형 코를 통째 주워서 뜬다. 색깔별로 2장 뜬다.

2. 큰 꽃잎을 뜬다.
작은 꽃잎과 마찬가지로 뜬다.

3. 잎을 뜬다.
도안을 참조하여 색깔별로 1장씩 뜬다.

4. 토대를 뜬다.
원형 코를 만들어 사슬 1코를 기둥으로 올리고, 짧은뜨기를 6코 뜬다. 단마다 6코씩 늘리면서 7단을 뜬다.

5. 마무리하기.
작은 꽃잎과 큰 꽃잎을 엇갈리게 겹쳐놓고서 꿰매어 고정하고, 중심에 나무 비즈를 3개씩 달아 장미 모양으로 만든다. 토대 위에 잎 2장과 장미꽃 4개를 보기 좋게 꿰매어 달아 주고, 뒤쪽에 브로치 핀을 단다.

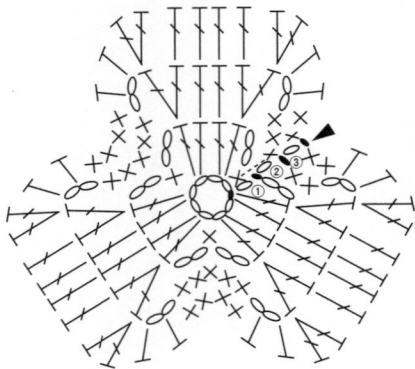

큰 꽃잎
(연한 갈색·갈색 각 2장)

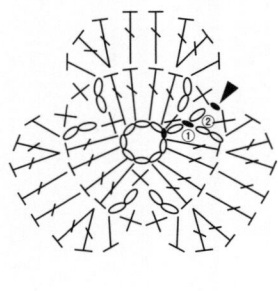

작은 꽃잎
(연한 갈색·갈색 각 2장)

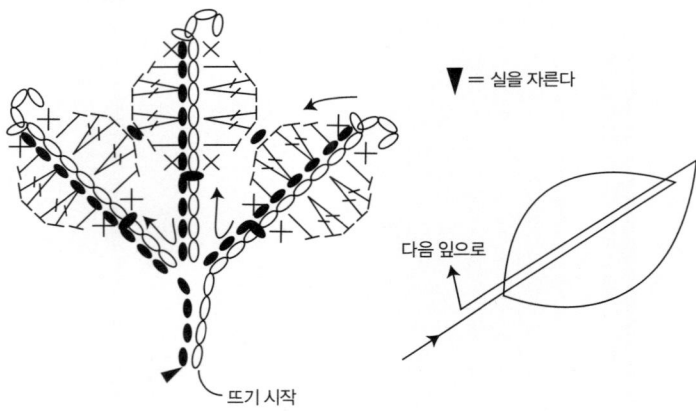

잎 (연한 갈색·갈색 각 1장)

▼ = 실을 자른다

다음 잎으로

뜨기 시작

뜨는 순서

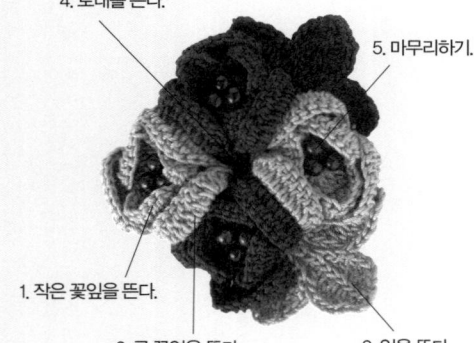

1. 작은 꽃잎을 뜬다.
2. 큰 꽃잎을 뜬다.
3. 잎을 뜬다.
4. 토대를 뜬다.
5. 마무리하기.

＊잎을 뜨는 방법
1. 사슬뜨기를 13코 뜬다.
2. 사슬 1코를 기둥으로 올리고, 사슬 6코 위에 짧은뜨기, 긴뜨기, 1길 긴뜨기를 뜬다.
3. 빼뜨기를 1코 떠서 사슬뜨기의 반대쪽으로 넘어가 좌우 대칭이 되도록 짧은뜨기, 긴뜨기, 1길 긴뜨기 한다.
4. 이어서 끝에 사슬 3코를 뜨고, 잎의 중앙을 빼뜨기로 6코 뜬다.
5. 사슬 3코 위에 빼뜨기를 3코 뜬다.
6. 사슬을 10코 뜨고, 다음 잎을 뜬다.
7. 2째 장부터는 잎의 중앙에서 앞의 잎과 한 군데가 이어지도록 빼뜨기를 한다.

073

토대 (갈색 1장)

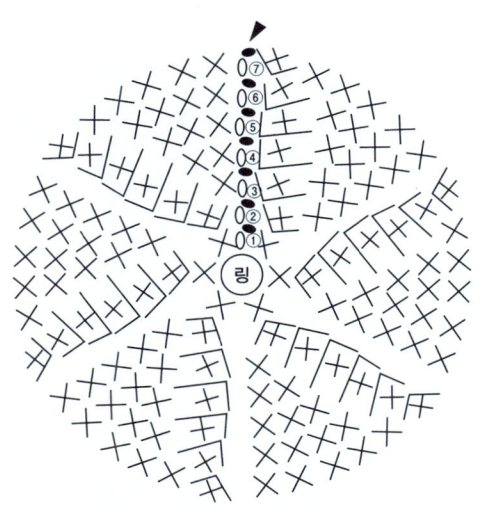

토대의 콧수와 코 늘리기

단	콧수	코 늘리기
7단	42코	(+6코)
6단	36코	(+6코)
5단	30코	(+6코)
4단	24코	(+6코)
3단	18코	(+6코)
2단	12코	(+6코)
1단	6코	

꽃잎 마무리하기

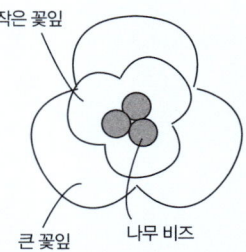

작은 꽃잎 / 큰 꽃잎 / 나무 비즈

동전 지갑

완성 사진은 p.25에 있습니다.
뜨는 방법은 p.71에서 이어집니다.

*프레임을 다는 방법

구멍 26개에 31코를 꿰매어
달아야 하므로 화살표
위치에서 1코를 건너뜬다

━━━━ = 하늘색
▼ = 실을 자른다

잎 모티브

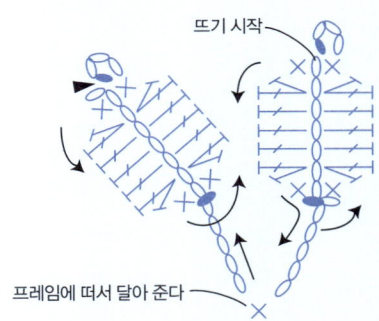

뜨기 시작
프레임에 떠서 달아 준다

11코를 반으로 접고, 바깥쪽에서부터 4코를 감친다

*잎을 뜨는 방법
1. 사슬뜨기를 7코 뜬다.
2. 사슬 1코로 기둥을 올리고, 짧은뜨기, 긴뜨기, 1길 긴뜨기를 사슬 7코 위에 뜬다.
3. 사슬을 3코 뜨고, 빼뜨기를 하고서 사슬 7코의 반대쪽도 2와 마찬가지로 뜬다.
4. 기둥의 사슬에 빼뜨기를 한다.
5. 사슬 5코를 뜨고, 짧은뜨기로 프레임에 달아 준다.
6. 사슬을 12코 뜨고, 2와 마찬가지로 뜬다.
7. 빼뜨기를 1코 뜨고, 반대쪽도 마찬가지로 뜬다.
8. 사슬 3코를 뜨고, 빼뜨기를 하고 실을 자른다.

핸드폰 케이스
완성 사진은 p.22에 있습니다.

재료
올림푸스 에미그란데 〈허브〉
341 하늘색·26g
폭 1.5cm의 반달고리·1개
연결고리(개고리)·1개
바늘
레이스 바늘 0호
완성 크기
9.5cm×7.5cm 바닥 폭 3cm
(손잡이 제외)

뜨는 방법
1. 시작코를 만든다.
사슬뜨기를 25코 떠서 시작코를 만든다.
2. 몸판을 뜬다(위쪽)
시작코에 이어서 사슬 1코로 기둥을 올리고, 짧은뜨기와 1길 긴뜨기 5코로 무늬를 떠나간다. 21단까지 뜨고서 22째 단에서 빽 짧은뜨기를 한다.
3. 몸판을 뜬다(아래쪽)
사슬뜨기의 반대쪽에 마찬가지로 무늬뜨기를 한다. 20단까지 뜨고서 21째 단에서 빽 짧은뜨기를 한다.
4. 바닥 폭 A와 B를 뜬다.
A : 도안을 참조로 본체에서 사슬 3코로 기둥을 올리고, 1길 긴뜨기 9코를 뜬다. 짧은뜨기와 1길 긴뜨기를 교대로 뜨다가, 17째 단과 19째 단의 양쪽 끝에서 1길 긴뜨기 2코 모아뜨기로 코를 줄인다.
B : 마찬가지로 45단까지 뜬다.
5. 마무리하기.
몸판과 바닥 폭 A를 짧은뜨기로 잇는다. 이은 부분이 끝나면 그 실 그대로 바닥 폭에 이어서 짧은뜨기를 하고, 반달고리를 단다. 반대쪽도 마찬가지로 짧은뜨기로 이어주고 연결고리를 단다.

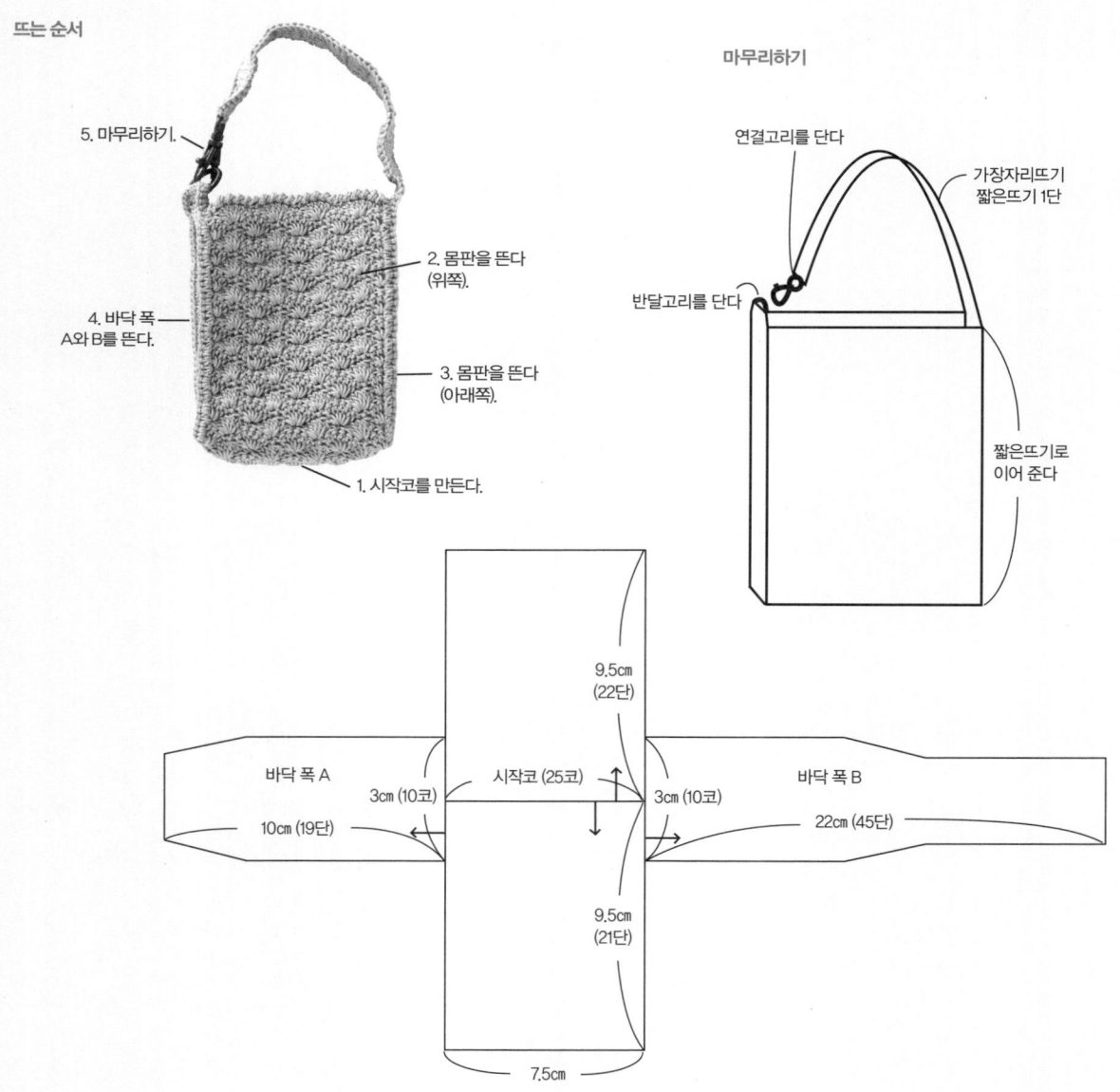

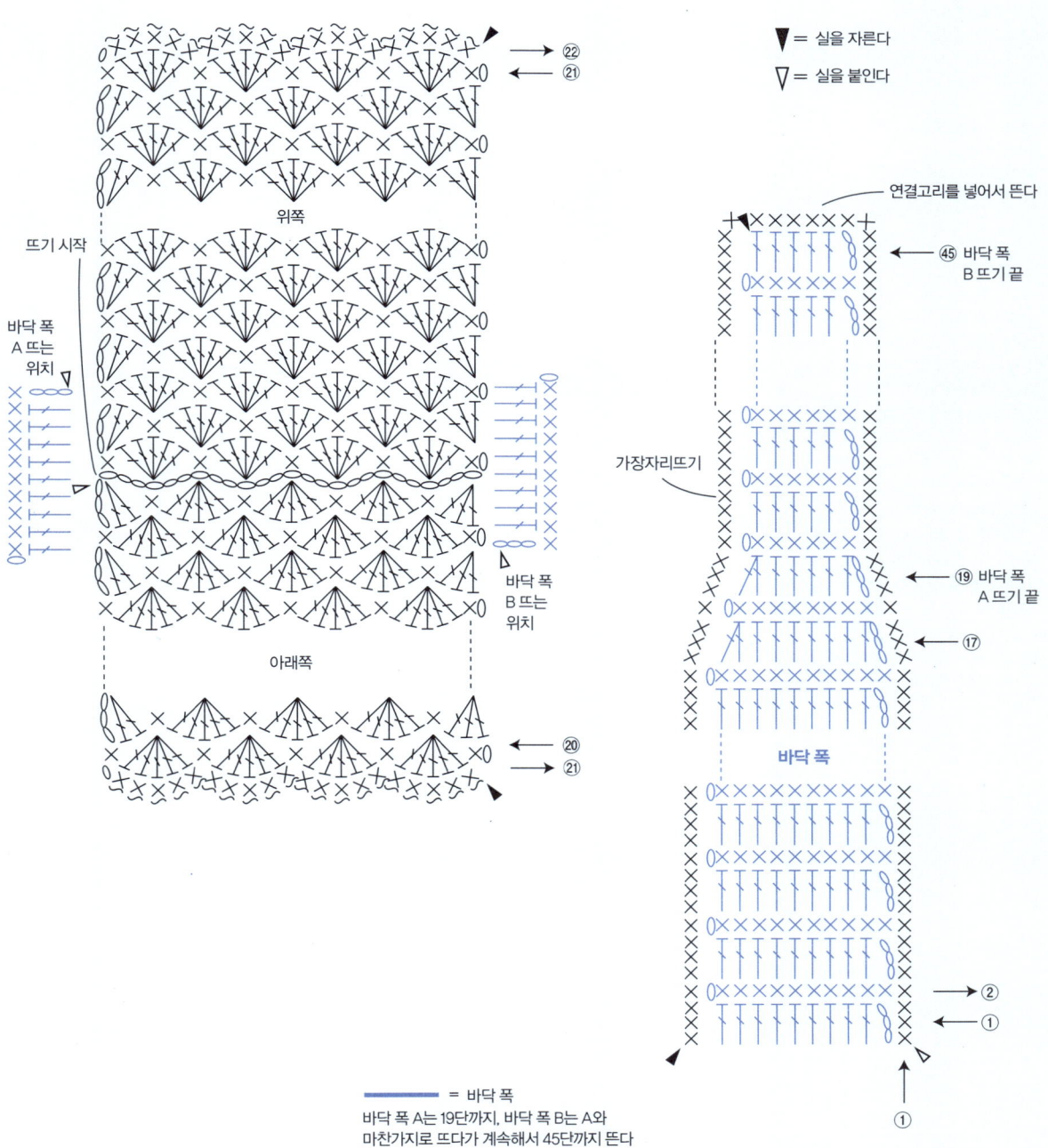

향주머니
완성 사진은 p.24에 있습니다.

재료
올림퍼스 에미그란데 〈허브〉
732 아이보리색·15g
273 초록색·10g
둥글고 작은 비즈(연두색)·57개
둥글고 작은 비즈(투명한 연두색)·54개
와이어·조금

바늘
레이스 바늘 0호

완성 크기
약 11cm×11cm(손잡이 제외)

뜨는 방법

1. 시작코를 만든다.
사슬뜨기를 34코 떠서 시작코를 만든다.

2. 몸판을 뜬다.
시작코에 이어서 사슬 3코로 기둥을 올리고, 시작코의 콧등을 주워서 1길 긴뜨기와 사슬뜨기로 14단을 뜬다. 똑같은 몸판을 1장 더 뜬다.

3. 가장자리와 손잡이를 이어서 뜬다.
몸판 2장을 뒷면끼리 맞대고 옆과 바닥을 짧은뜨기로 이어준다. 입구는 각각 짧은뜨기를 뜨고, 이어서 손잡이까지 뜬다.

4. 잎 모티브를 뜬다.
가장자리에 다는 잎은 16장을 이어서 한 번에 뜬다. 중앙에 다는 잎은 1장만 뜬다.

5. 비즈장식을 만든다.
와이어에 구슬을 꿰어 잎 모양으로 만든다.

6. 마무리하기.
본체의 겉면 가장자리에 연결된 잎 모티브를 꿰매어 달고, 중앙에 잎 모티브와 비즈 장식을 단다.

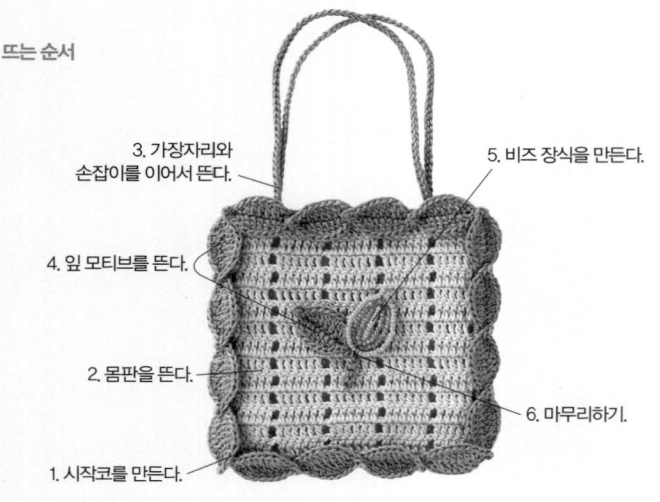

뜨는 순서
1. 시작코를 만든다.
2. 몸판을 뜬다.
3. 가장자리와 손잡이를 이어서 뜬다.
4. 잎 모티브를 뜬다.
5. 비즈 장식을 만든다.
6. 마무리하기.

＊가장자리 잎 뜨는 방법
1. 사슬뜨기를 7코 뜬다.
2. 사슬 1코로 기둥을 올리고, 사슬 7코 위에 짧은뜨기, 긴뜨기, 1길 긴뜨기를 뜬다.
3. 사슬을 3코 뜨고, 최초의 사슬에 빼뜨기를 한다. 이어서 1의 사슬 7코의 반대쪽도 마찬가지로 뜬다.
4. 2의 기둥코에 빼뜨기를 한다.
5. 1~4를 반복해서 잎을 16장 뜬다.

＊중앙의 잎 뜨는 방법
가장자리 잎 뜨는 방법에서 1~3까지 뜬다. 이어서 사슬뜨기를 5코 뜨고, 그 위에 빼뜨기를 5코 뜬다. 마지막에는 기둥코의 사슬에 빼낸다.

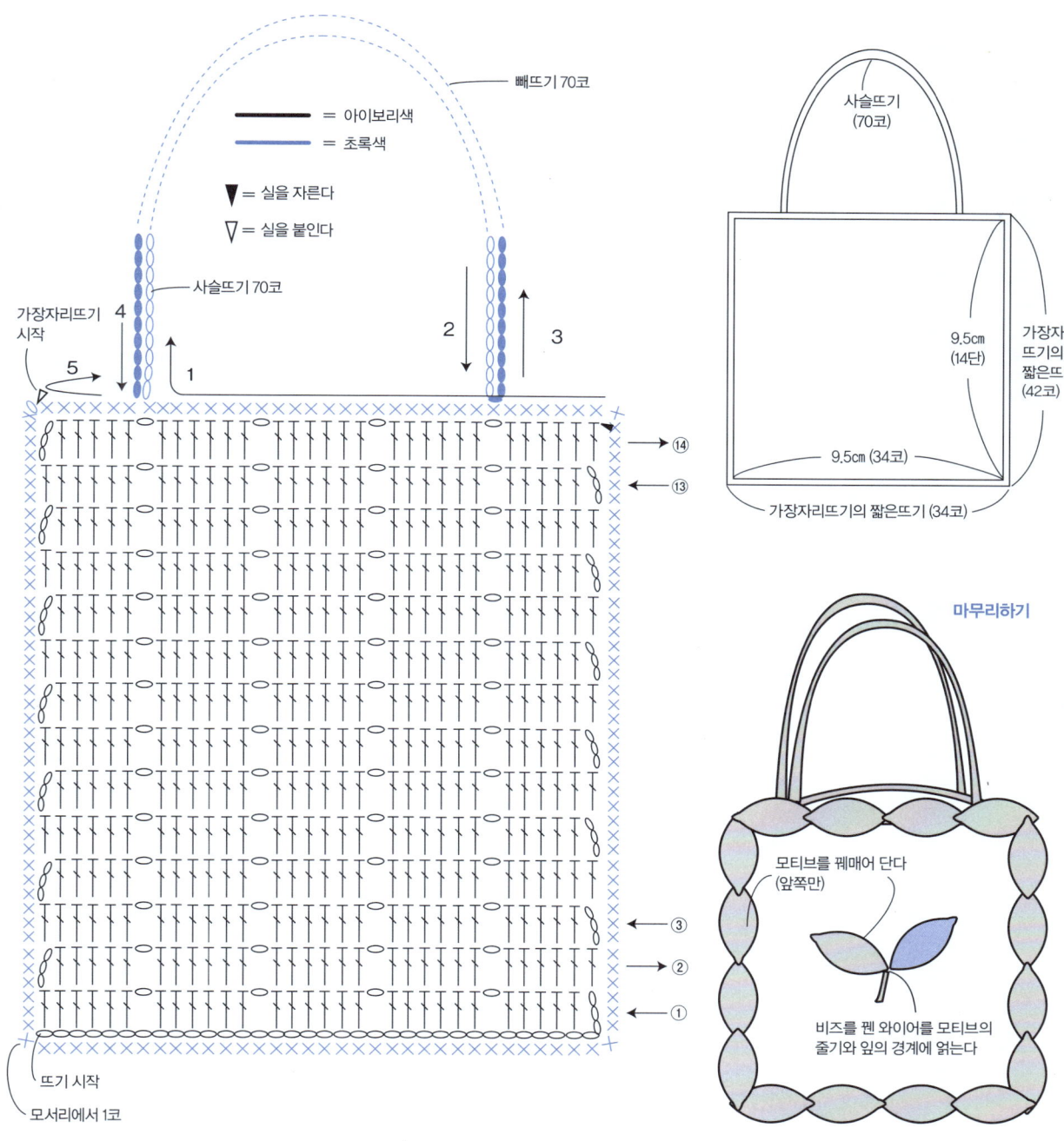

향주머니
완성 사진은 p.24에 있습니다.

재료
올림퍼스 에미그란데 〈허브〉
732 아이보리색 · 15g
582 노란색 · 10g
폭 0.6cm의 그로그랭 리본
(Grosgrain ribbon) · 70cm

바늘
레이스 바늘 0호

완성 크기
지름 12cm

뜨는 방법

1. 측면을 뜬다.
원형 코를 만들어 사슬 1코로 기둥을 올리고, 원형 코에 짧은뜨기를 6코 뜬다. 2째 단은 짧은뜨기를 12코 뜬다. 3째 단은 색을 바꾸어 사슬 3코로 기둥을 올리고, 1길 긴뜨기 3코 모아뜨기를 한다. 사슬 5코, 1길 긴뜨기 4코 모아뜨기를 반복하고서 기둥코의 사슬에 빼뜨고 실을 자른다. 최초의 모티브를 중앙에 놓고, 원형을 이루도록 남은 6장의 모티브를 뜬다(도안 중앙의 숫자 참조). 바깥 둘레가 원이 되도록 짧은뜨기, 사슬뜨기, 1길 긴뜨기를 뜬다. 이와 똑같은 측면을 1장 더 뜬다.

2. 바닥 폭을 뜬다.
사슬뜨기를 87코 뜨고, 사슬 3코로 기둥을 올려서 사슬 1코, 1길 긴뜨기 1코를 반복한다.

3. 바닥 폭을 붙이고, 가장자리를 뜬다.
측면의 △ 부분에 실을 붙여서 모티브와 바닥 폭을 짧은뜨기로 이어준다. 바닥 폭이 없는 부분도 그대로 짧은뜨기를 하고, 그 위에 가장자리뜨기를 한다. 실을 바꿔서 다시 1단을 뜬다. 뒤쪽도 마찬가지로 뜬다.

4. 마무리하기.
바닥 폭에 리본을 꿰어 묶어준다.

뜨는 순서

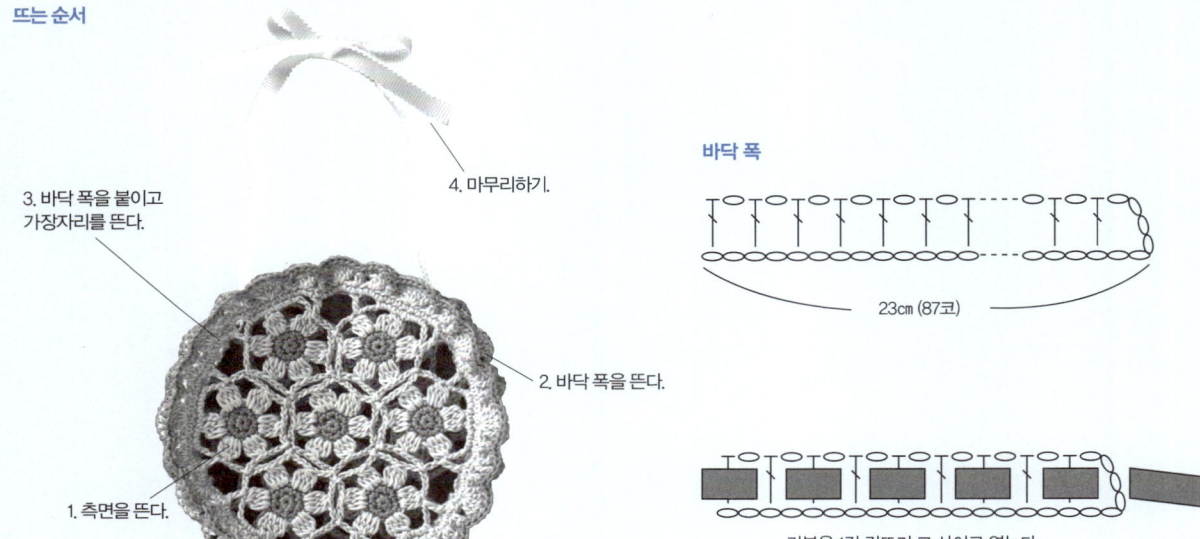

3. 바닥 폭을 붙이고 가장자리를 뜬다.
4. 마무리하기.
2. 바닥 폭을 뜬다.
1. 측면을 뜬다.

바닥 폭
23cm (87코)

리본을 1길 긴뜨기 코 사이로 엮는다

*모티브를 잇는 방법

1 1째 장을 완성한다. 2째 장의 2단 사슬 5코의 중심에서 잇는다.

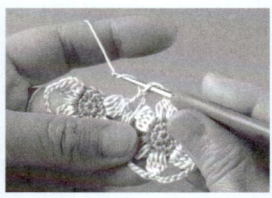

2 2째 장의 사슬 2코를 뜨고서, 1째 단의 사슬 3코 코에 바늘을 넣어 실을 끌어낸다.

3 1군데를 다 이은 모습. 모티브의 남은 부분을 떠나간다.

4 3째 장도 2째 단의 도중에서 1·2째 장에 잇는다.

측면 (2장)
바닥 폭을 붙이기 시작하는 위치
(아래에 확대한 그림을 참조하세요)

측면 마지막 단 뜨기 시작

바닥 폭을 붙이기 시작하는 위치

= 아이보리색
= 노란색
▼ = 실을 자른다
▽ = 실을 붙인다

바닥 폭을 붙이기 시작하는 위치 (확대 그림)

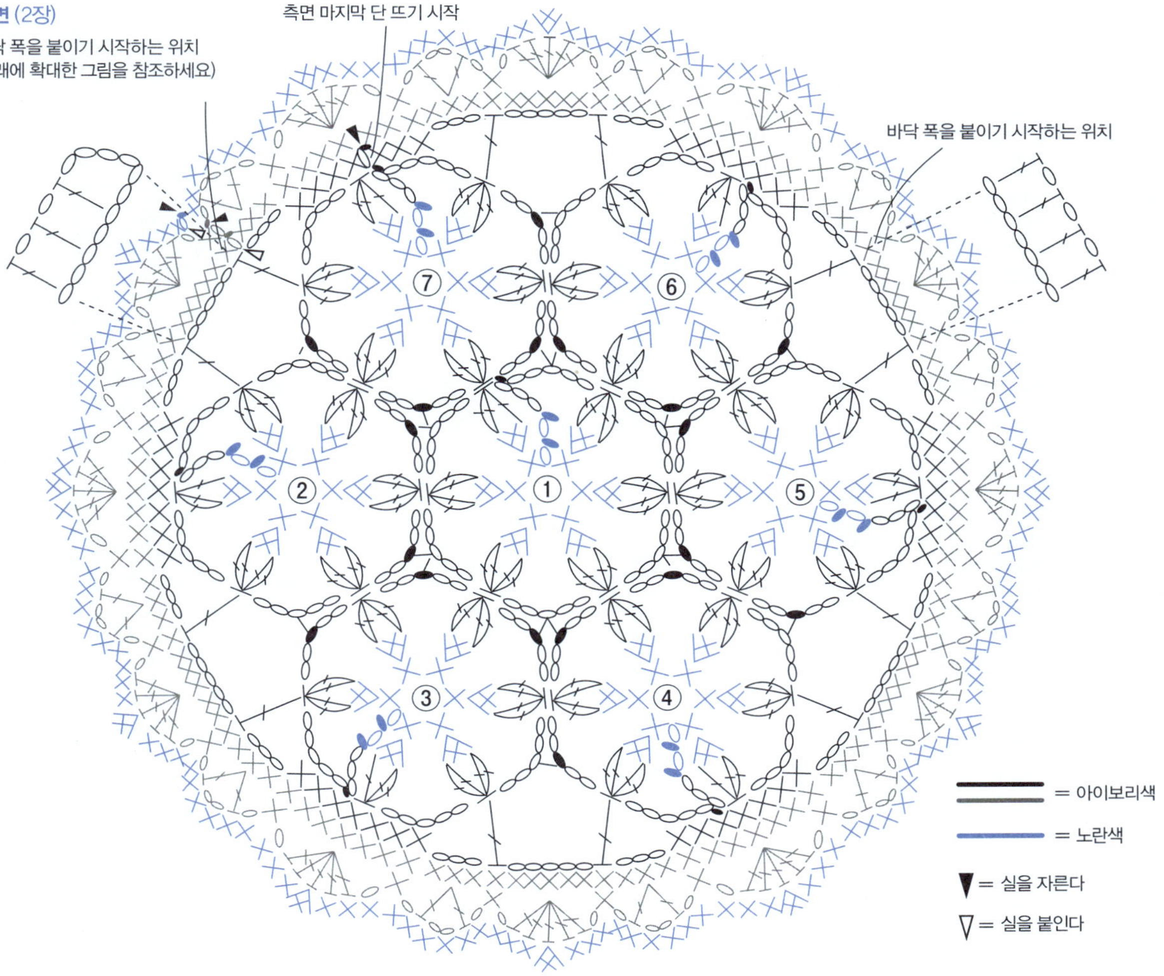

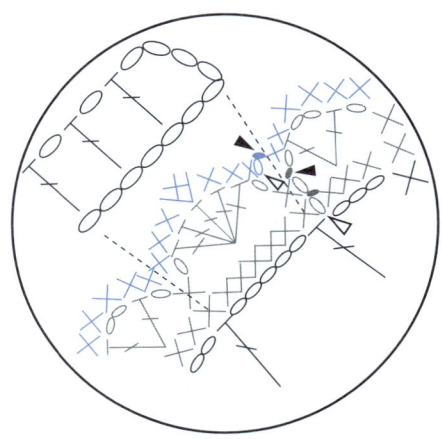

5 3장이 모이는 모서리는 2째 장에서 빼낸 똑같은 코에 빼낸다.

6 3장을 이은 모티브. 4째 장 이후에는 1째 장의 둘레에 이어나가듯이 뜬다.

장식 끈
완성 사진은 p.26에 있습니다.

재료
올림퍼스 에미그란데 〈허브〉
273 초록색 · 5g
341 하늘색 · 5g
582 노란색 · 5g
수예용 솜 · 조금
지름 0.8cm의 단추 · 8개
지름 1.3cm의 단추 · 2개

바늘
레이스 바늘 0호

완성 크기
길이 56cm

뜨는 방법

1. 방울을 뜬다.
원형 코를 만들어 사슬 1코로 기둥을 올리고, 원형 코에 짧은뜨기를 8코 뜬다. 코를 늘리면서 원형으로 넓게 떠 나간다. 6째 단까지 뜨고서 안에 솜을 채우고, 마지막 단의 코에 실을 꿰어서 조인다. 약 6cm를 남기고서 실 끝을 자른다. 색깔별로 2개씩 뜬다.

2. 끈을 뜬다.
실 3가닥(색깔별로 1가닥씩)으로 사슬뜨기를 90코 뜬다.

3. 단추 장식을 만든다.
단추에 실을 꿰어 6개의 단추 장식을 만든다.

4. 마무리하기.
방울과 단추장식을 하나로 모아서 사슬뜨기의 단에 묶어서 달고, 그 매듭 위에 단추를 꿰매어 단다. 반대쪽도 마찬가지로 한다.

뜨는 순서

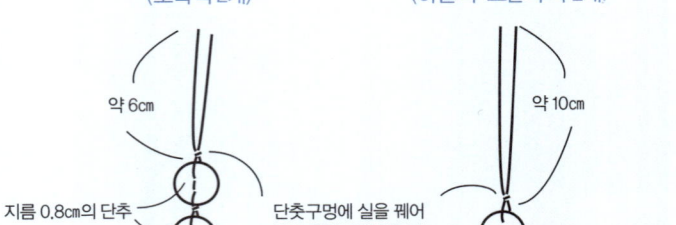

단추 장식
(초록색 2개)   (하늘색·노란색 각 2개)
약 6cm   약 10cm
지름 0.8cm의 단추   지름 0.8cm의 단추
단춧구멍에 실을 꿰어
단추 측면에서 묶는다

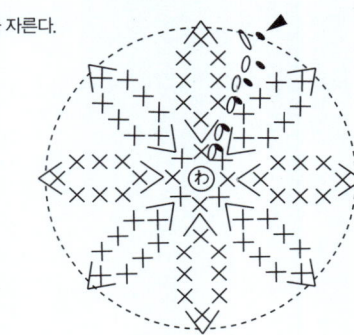

방울 (색깔별로 2개)
▼ = 실을 자른다.

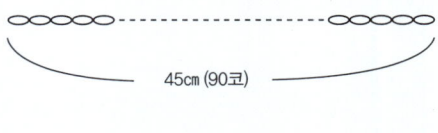

끈 3가닥 (색깔별로 1가닥씩)
45cm (90코)

2. 끈을 뜬다.
3. 단추 장식을 만든다.
4. 마무리하기.
1. 방울을 뜬다.

마무리하기
방울과 단추 장식을 사슬뜨기에 묶고, 단추를 단다.

지름 1.3cm의 단추

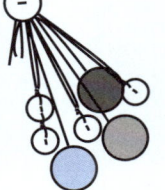

장식 끈

사진은 p.26에 있습니다.

재료
올림퍼스 에미그란데 〈허브〉
171 주황색 · 5g
273 초록색 · 5g
341 하늘색 · 5g
582 노란색 · 5g
777 갈색 · 5g
814 연한 갈색 · 5g
지름 1.2cm의 단추 · 20개
지름 0.8cm의 단추 · 14개

바늘
레이스 바늘 0호

완성 크기
길이 107cm

뜨는 방법

1. 작은 모티브를 뜬다.
실 끝을 길게 남겨서 원형 코를 만들어 사슬 3코로 기둥을 올리고, 원형 코에 1길 긴뜨기를 11코 뜬다. 기둥코의 사슬로 빼내서 사슬뜨기를 20코 뜬다.

2. 큰 모티브를 뜬다.
실 끝을 길게 남겨서 원형 코를 만들어 사슬 4코로 기둥을 올리고, 원형 코에 2길 긴뜨기를 21코 뜬다. 기둥코의 사슬로 빼내서, 사슬뜨기를 12코 뜨고, 빼뜨기로 작은 모티브와 이어나간다.

3. 마무리하기.
1, 2를 반복해서 크고 작은 17개의 모티브를 만들어 잇는다. 마지막의 작은 모티브에 사슬 20코를 붙이고, 다시 양쪽 끝에 수술을 단다. 모티브의 중앙에 양면으로 단추를 꿰매어 단다.

뜨는 순서

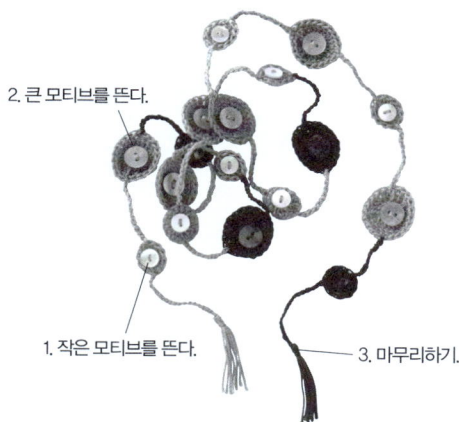

2. 큰 모티브를 뜬다.
1. 작은 모티브를 뜬다.
3. 마무리하기.

*수술 준비물
7cm로 길이를 맞춰 자른 실 · 5가닥
길게 자른 실 · 1가닥

*수술 뜨는 방법
1. 7cm로 길이를 맞춰 자른 실의 중앙을 긴 실로 묶어서 반으로 접는다.
2. 장식 끈의 마지막 사슬코에 단다.
3. 1의 실을 수술의 머리 부분에 감고, 단단히 묶는다.

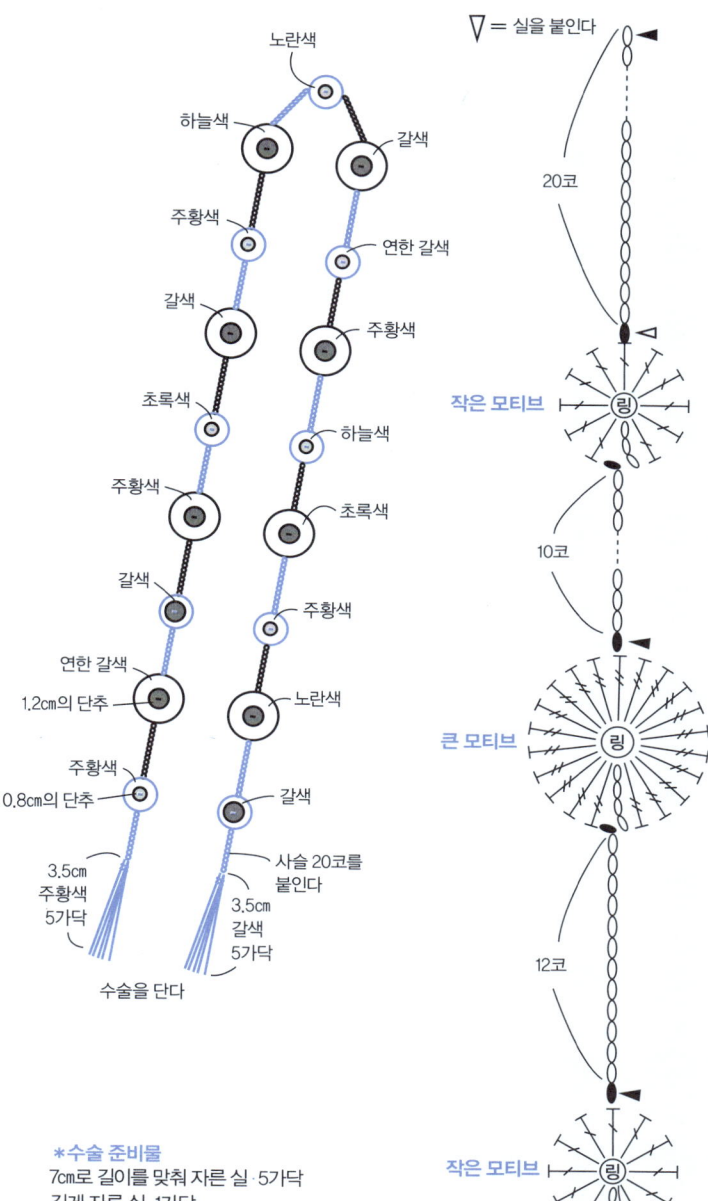

▼ = 실을 자른다
▽ = 실을 붙인다

작은 가방
완성 사진은 p.27에 있습니다.

재료
올림퍼스 에미그란데 〈허브〉
814 연한 갈색·4g
777 갈색·2g
리넨으로 만든 가방
 ·세로 18cm×가로 15cm

바늘
뜨개바늘 0호

완성 크기
지름 4cm(꽃 모티브 1장)

뜨는 방법
1. 원형 코를 만든다.
원형 코를 만들어 사슬 1코로 기둥을 올리고, 짧은뜨기를 12코 뜬다.

2. 꽃잎을 뜬다.
2째 단은 사슬 1코로 기둥을 올리고, 짧은뜨기 1코, 사슬 5코, 짧은뜨기 1코를 떠서 꽃잎의 토대를 만든다. 3째 단은 앞단의 사슬을 통째로 주워서 짧은뜨기, 긴뜨기, 1길 긴뜨기, 2길 긴뜨기를 뜬다.

3. 마무리하기.
재봉 실로 모티브를 가방에 단다.

뜨는 순서

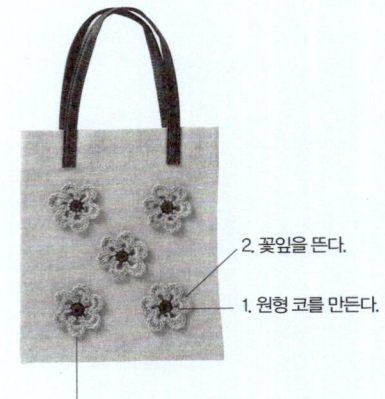

2. 꽃잎을 뜬다.
1. 원형 코를 만든다.
3. 마무리하기.

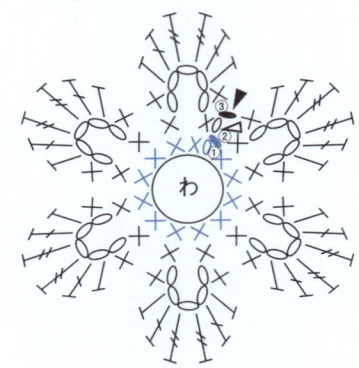

─── = 아이보리색
─── = 초록색
▼ = 실을 자른다
▽ = 실을 붙인다

작은 가방
완성 사진은 p.27에 있습니다.

재료
올림퍼스 에미그란데 〈허브〉
777 갈색·8g
171 주황색·조금
582 노란색·조금
단추
0.8cm·3개
1.5cm·2개
1cm·1개
1.8cm·1개
1.3cm·4개
2.3cm·1개
리넨 가방
 ·세로 18cm×가로 15cm

바늘
뜨개바늘 2/0호

뜨는 방법
1. 크로스스티치를 한다.
실 1가닥으로 도안과 같이 크로스스티치를 한다.

2. 단추를 단다.
표를 참조하여 도안의 위치에 단추를 단다. 〈묶는다〉는 실을 4가닥으로 하여 묶어서 고정한다. 〈꿰맨다〉는 열 십(十)자로 꿰매어 단다.

3. 장식 술을 단다.
술 장식 다는 방법대로 장식 술을 단다.

뜨는 순서

2. 단추를 단다.
1. 크로스스티치를 한다.
3. 장식 술을 단다.

*술 장식 다는 방법

준비물
12㎝로 길이를 맞춰서 자른 실
3가닥×27묶음
송곳
접착제

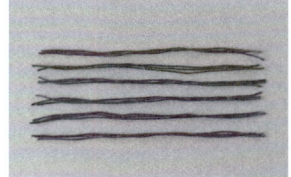

1 12㎝의 실을 3가닥씩 모아 27개의 묶음으로 나눈다.

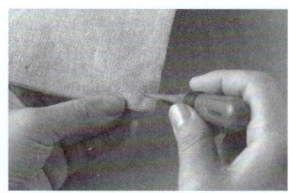

2 송곳으로 밑단에서 0.8㎝ 떨어진 자리에 0.5㎝ 간격으로 구멍을 뚫는다.

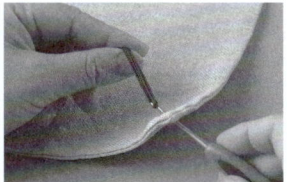

3 가방의 뒤쪽에서 뜨개바늘을 넣어 반으로 접은 실의 접힌 금을 걸어 뒤쪽으로 끌어낸다.

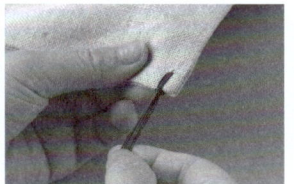

4 끌어낸 실 고리에 실 끝을 꿰어 당긴다.

5 끝을 가지런하게 자른다. 매듭이 풀어지지 않도록 뒤쪽에 접착제를 발라 고정한다.

단추의 크기와 실

단추 번호	크기(㎝)	실의 색	다는 법
1	0.8	주황색	묶는다
2	1	노란색	꿰맨다
3	0.8	갈색	묶는다
4	0.8	갈색	묶는다
5	1.8	주황색	꿰맨다
6	1.5	노란색	꿰맨다
7	1.3	노란색	묶는다
8	1.3	주황색	묶는다
9	1.5	갈색	묶는다
10	2.3	주황색	묶는다
11	1.3	갈색	꿰맨다
12	1.3	노란색	묶는다

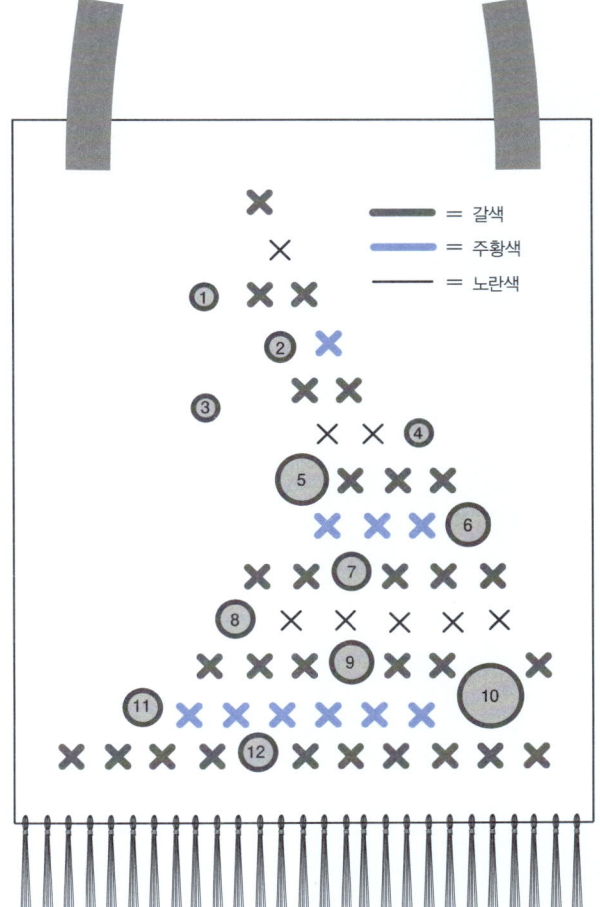

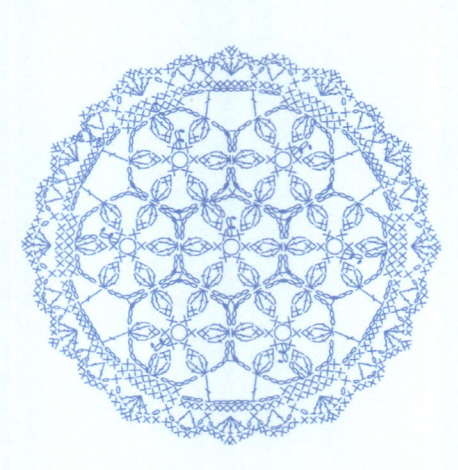